名师名校名校长

凝聚名师共识
回应名师关怀
打造名师品牌
培育名师群体

顾明远题

中小学幼儿园教育科研实操100问

叶剑　主编

吉林人民出版社

图书在版编目(CIP)数据

中小学幼儿园教育科研实操100问 / 叶剑主编. —
长春：吉林人民出版社，2023.9
ISBN 978-7-206-20605-4

Ⅰ. ①中… Ⅱ. ①叶… Ⅲ. ①中小学－教育研究－问
题解答 ②学前教育－教育研究－问题解答 Ⅳ.
①G632.0-44 ②G61-44

中国国家版本馆CIP数据核字（2023）第198699号

中小学幼儿园教育科研实操100问
ZHONGXIAOXUE YOU'ERYUAN JIAOYU KEYAN SHICAO 100 WEN

主　　编：叶　剑　　　　封面设计：李　娜
责任编辑：刘子莹
吉林人民出版社出版发行（长春市人民大街7548 号　　邮政编码：130022）
印　　刷：北京政采印刷服务有限公司
开　　本：787mm × 1092mm　1/16
印　　张：14.25　　　　字　　数：230千字
标准书号：ISBN 978-7-206-20605-4
版　　次：2023年9月第1版　　印　　次：2023年9月第1次印刷
定　　价：58.00元

编委会

序言

教育科学研究是教育事业的重要组成部分，对教育改革发展具有重要的支撑、驱动和引领作用。由谁来发挥教育科学研究的这一功能呢？这就需要建设一支高素质创新型科研队伍。这支队伍不仅仅需要教育教学研究机构的专职人员参与，更需要中小学幼儿园广大的一线教育工作者加入，转型成为具有高水平研究素养的教育科学研究组织。

2021年年底，成都市第三届名师工作室启动。我有幸获得来自省内20余位伙伴的信任，与大家一起成立“成都市第三届名师工作室——叶剑名师工作室”。本工作室是成都市首个以“教育科研”为主题的市名师工作室。次年又有新伙伴不断加入，现已成为30余人的团队。在规划本届工作室研究任务时，大家一致赞同：结合高素质创新型科研队伍建设需要，为中小学幼儿园广大的一线教育工作者提供一本具有实战指导价值的教育科研方面的工具书。于是，撰写这本《中小学幼儿园教育科研实操100问》就成为工作室的一个重要任务。当然，最后的问题不是刚好100个，而是有130多个。我们尝试过删减一些，但工作室的伙伴们觉得有必要都提供给一线教师们，那“100问”就权作一个虚数（概念）来理解吧。

其实，业内关于中小学教育科研指导的专著不少。但是，大多数专著都是系统地介绍教育科研专业知识的，学理性比较强，需要连续性阅读，一线教师普遍反映阅读起来比较费劲。针对这个现象，我们采用了问答式的体例，更强调对教育研究实践的分析与指引，强调为一线教师解惑、支招。当然，过去也有这类问答型的专著出版，但是没有注意考虑一线教师在教育科研水平上的差异。于是，我们把收集到的一线教师的问题分成三个层次来回应，即初级篇、中级篇、高级篇。这样更适合一线教师选择性阅读，也便于我们对现实问题做有针对性的回应。

需要特别说明的是，作为一本教育科研普及读物，为了更好地回答本书所提教育科研问题，我们学习和借鉴了大量已出版的专著及相关网络媒体上的公众号文章，有些引用为案例，在此一并致谢。

最后，我想对本书读者提以下三点建议：

一、适用人员

本书适合于中小学幼儿园一线的教育工作者阅读，适合于三个层次的人员。初级篇适合于刚入行的老师，是对教育科研工作的普及性介绍，重在认识基本工作流程。中级篇适合于教育科研骨干人员，是对教育科研文本撰写与方法运用的介绍，侧重技能提升。高级篇适合于教育科研管理指导人员，是对教育科研组织管理、成果提升、评价指导的建议。

二、阅读方式

本书不需要按序阅读，可以根据你在教育科研工作中遇到的现实问题，从中去找相应的问题进行阅读；或者根据目录中的问题，选择感兴趣的话题来进行阅读，即追寻自己的问题去阅读，追寻自己的兴趣去阅读，为自己的需要而阅读。

三、使用方法

本书可以作为你办公桌上的案头书，需要时就翻一翻，就像查字典一样。当然，有些问题在书中可能没有令你满意的答案，或者在本书中找不到你需要解答的问题。没关系，你可以到网上去查一查，或者找一些相关材料参考阅读，能引起你对问题的思考、批判，引发你延伸阅读，这也是本书的一个价值所在。因此，把本书作为一本工具书来认识更恰当些。教育科研本质上就是我们实施教育改革、提升教育质量的一种手段与工具，把本书作为一本工具书去理解更符合我们编写的初衷。

谨以本书献给工作室的小伙伴们，谢谢你们的支持，谢谢你们的努力，这是我们共同的作品，也是我们共同的心血！也期望得到各位读者的理解与包容，这是来自基层一线教研的思考与总结，是带有草根与泥土气息的表达。更期望得到你们的指导，特别是其中的不当不妥之处，敬请指正。

教育科研，我们一直在路上，更期望与志同道合者结伴而行！

2023年5月

目录

初级篇

教育科研基本认识

初级篇

教育科研基本认识

教育科研对中小学教师来讲，是实现自我专业成长的有效途径。然而在现实工作中，很多教师谈到教育科研就有些犯怵，觉得教育科研是非常深奥的难题。事实上，教育科研并没有我们想象的那么难，教育科研就是发现问题、寻找策略、优化总结的过程。

本章节向广大中小学教师介绍了什么是中小学教师教育科研，中小学教师的科研有什么特点，需要什么条件，与高校的教育科研的差别是什么？帮助教师深入了解中小学教师教育科研内涵，也帮助教师走出对教育科研的误区。

为了更好地激励教师参与到教育科研中来，本章节也细致描述了教师从事业发展的前景需要和自身发展的专业需求角度出发做教育科研的重要性和必要性。同时，也从教师教育科研如何着手的角度出发，结合实际案例和写作范例，进行了选题、立项答辩、开题论证、研究实施、结题等基本流程的介绍，帮助新手教师弄清教育科研的研究流程和要做的具体事务。

希望通过初级篇的阅读，能让每一位走近教育科研的老师放下心里的包袱，轻装上阵，在教育科研的实际摸索中，感受到“教育科研并不难”，揭开教育科研神秘的面纱。

第一章

教育科学研究的认识（地位、作用、误区）

第一节　中小学教育科研的基本认识

1. 中小学教育科研是干什么的？

教育科研是教育科学研究的简称。关于教育科研的概念，在相关的学术论著中有很多种表述，但无论哪一种概念表述，其核心内涵都是“教育科研是一种揭示教育规律的创造性认识活动”。

简言之，中小学教师科研就是把自己教育教学中遇到的问题，通过科学的方法找到解决办法的过程。

发现教育实践问题，运用科研方法（验证假设、收集证据），找到解决办法是教育科研的三个核心任务。一句话，教育科研是帮助教师科学解决问题的。

教育科研是中小学教师的工作职责之一，是职业能力的重要组成部分，是实现教师专业提升的重要手段，是促进教师成长为名优教师、专家型教师的必经之路。

2. 中小学教育科研有什么特点？

中小学教育科研一般是教师针对自己在教育、教学实践中遇到的问题，经过梳理、归因、提炼成课题，并运用教育科研方法，独自或几人合作，并在一定时间内共同研究，并取得成果的活动。中小学教育科研的课题一般来自一线教师遇到的最紧急迫切的问题，所以有如下特点：聚焦、实践、运用。

一、聚焦真实问题

中小学课题研究解决的是教师在教育教学中遇到的问题，可以是研究教学中的某个环节出现的问题，也可以是教师在教育管理中遇到的某一个小问题，还可以是教育教学中存在的某种现象，问题应当精准聚焦。如“小学阶段运用教育戏剧传承红色基因的实践研究”这个课题就很清晰地说明研究者是想用教育戏剧来传承红色基因。目的很明确，要解决问题的手段也非常聚焦。

二、融入教育实践

中小学教师做科研，最大的价值在于解决教育教学中遇到的最实际的问题，那么我们在选题时就要对教学工作中遇到的盲点、热点、难点、疑点问题进行筛选、比较，选出最贴近教师、贴近教育实际，且有价值的问题作为课题。如课堂纪律差怎么办？看似问题比较小，但这就是一线老师遇到的最真实的问题，也是影响教师教学活动最现实的难题。研究要解决实际教学工作中遇到的问题，那么研究过程也要在教学实际过程中去开展。中小学课题研究多是通过课堂教学或教育活动开展，具有实践性。如“模拟城市岗位角色开发生涯教育启蒙活动的实践研究”这个课题就是和德育活动相结合，开展研究。

三、强调操作运用

不同于高等院校的教育科研，中小学教育科研最重要的特征就是应用性研究，是基于教育实践现实问题的研究。换句话说就是研究成果实用。教师进行科研的目的就是找到解决问题的方法，并能将这些行之有效的方法进行推广，那么我们的研究成果就得有实际作用，这样才有推广的价值。成果可操作性强，实用，别的老师拿着这个“成果”易于操作，可解决自身类似的问题，就可以说这个研究是成功的。比如：“学科核心素养视域下初中动态几何教学实践研究”这个课题，最重要的一个成果是动态几何的解题“三步法”，第一步：表示动点；第二步：根据问题表示对应线段的长度；第三步：根据问题建立方程求解。这个成果就是其他老师在教动态几何这类题时，可以直接用的方法。这就是成果可运用，能迁移。

3. 教师参与中小学教育科研需要什么条件？

教育科研工作对硬件要求不高，只要想做研究，有简单的纸笔就行。对教师内在素养的要求也不高，只要愿意动脑、动手就行。能力与素养在研究中都能得到成长。

基层学校的教师，相对于高校学者来说，理论知识相对少些，但是我们有个大的优势：丰富的教育教学实践。我们每天遇到的各种问题，为我们提供了大量的研究资源。在解决这些问题的过程中，我们也积累了大量的鲜活的案例。把这些鲜活的案例串联起来，找到解决问题的规律，这就是非常有价值的教育科研。

教育科研是对教育规律的探究，只要老师有一颗好奇心，愿意参与教育科研，就可以做研究。当然，教育科研是一项具有挑战性的工作。在参与的过程中，我们最好具备“五心”：

一、一颗平常心

教师在从事科研活动时，不管是自己愿意，还是迫于学校压力，都应该保持一颗平常心。虽说科研是职称晋级的一个重要指标，但是教师如果只是为了评定职称而做科研，是做不好的。只有从容研究、静心思考、脚踏实地，才能在科研上获取成长。

二、一颗好奇心

有人说好奇心是打开科学研究大门的钥匙，是进入科学殿堂的必经台阶。

在教育科研活动中，好奇心是研究的基本动力，如：为什么小杨同学经常迟到？为什么自己觉得很简单的教学内容，学生却没有掌握到理想的程度？我的教学设计换一个思路会怎样？在我们每天习以为常的教学实践中，对这些待解决的问题保持敏感、反思，利用好奇心确定问题，再往下深挖，分析解决问题，便是教师发自内心的真研究。

三、一颗自信心

我们总以为教育科研高大上，是不敢触碰的事。诚然科研肯定需要一部分专家学者利用专业的理论去进行研究。但是作为一线老师，我们应该有信心能做好科研，一方面，科研并不是想象中的可望而不可及，我们可以把科研看成遇到问题、解决问题的一个途径，就是我们工作中的一部分，只是其更加规范化。另外，我们还有最大的优势：身处一线，有丰富的教学实践，这些是宝贵的资源。不要担心理论知识不足，只要开始，就可以不断学习，只要你有信心，就可以开始尝试了。

四、一颗责任心

教师从事科研的对象多是学生，那么我们就要对学生负责；我们进行科研的出发点和落脚点都应放在学生身上，问问自己这样做是不是有利于学生的进步和身心健康成长？同时，责任心还表现在做科研时的敬畏心。我们从事科研活动肯定会遇到或多或少的难题和阻碍，但不能因此半途而废，责任心督促我们知难而上。

五、一颗永恒心

科研活动是一个发现问题、认识问题、解决问题的过程，在实践过程中，可能会遇到许多问题，如：觉得自己理论知识不够，不敢开始；觉得自己科研能力不足，中途放弃。在我们看来，第一次走科研之路总是觉得道阻且长，但请相信行则将至，坚持不懈就能得到成长和回报。[①]

① 郑金洲.教师如何做研究（第二版）［M］.上海：华东师范大学出版社，2012.

第二节　中小学教育科研的作用

4. 一线教师不做科研，行吗？

想要做成长型的教师，科研是最好的途径。在学校里，作为学校基层的教师，教书育人是我们的职责，但教育科研一定是我们值得去做的吗？答案是肯定的。一方面从最实际的角度来说，科研是教师职称评定、评优选先的一个重要指标。另一方面，作为教师，我们都希望自己能在教育教学工作中取得好成绩，也可以通过科研促进自己的专业成长、获得职业幸福感。教师通过科研提升自己的教育教学能力，是一条最佳的道路。引用苏霍姆林斯基的一句话："如果你想让教师的劳动能够给教师一些乐趣，使天天上课不至变成一种单调乏味的义务，那你就应当引导每一位教师，走上从事一些研究的这条幸福的道路上来！"

如果中小学教师不做科研，将会出现以下情况：一是凭经验实施教育教学活动，缺少教育的科学性；二是千篇一律地重复日常教学，没有新的收获和成长，造成职业倦怠；三是停滞不前，自己的专业知识和理论不能及时更新，跟不上不断更新的教育发展形势，从而被时代淘汰。

5. 教育科研真的能促进教师专业发展吗？

当然！我们经常听到，科研是促进教师专业化的最佳道路，不管是对自身的教学水平，还是教学管理能力，都是大有裨益的。当然并不是说做了一两个课题就让自己有质的飞越，更多的是在做科研的过程中转变自己的思维。

一、科研提高教学效率

我们工作中都想用较小的投入，取得较大的教学效果，那么怎样才能达到这样的效果呢？靠研究！有这样的一个案例：

办公室里老师们在讨论当天教学的新字，王老师说："现在学生真难教，今天教'蒸'这个字，我分析了这个字的间架结构，还让学生抄写了10遍，今天听写，有一大半的人还是把中间的那一横给忘了，今天回家还得再写这个生字。"说完王老师直摇头。杨老师接过话："我也教了这个字，学生写了三遍就记住了呀！"王老师一脸诧异，问道："你是怎么教的？"杨老师笑着道："我在教这个字时就告诉学生'蒸'就是把食物放在蒸屉上用火蒸热嘛，那这一横就是放食物的蒸屉，四点底就是火，如果你忘写那一横，食物就直接在火上烧，不得烧煳了呀，然后再在课堂上把这个字写了3遍巩固一下，绝大部分学生都会写了。"

以上案例中两位老师同教一个字，所得效果大相径庭，不难看出杨老师之所以有好的教学效果是因为他给予了学生识字的方法。同时也相信杨老师能有这样的效果，一定是用心研究的结果。要去研究，思想才能发生碰撞，方法的优劣才能得以鉴别。

二、科研让自己拥有特色

每个老师都想拥有自己独具特色的教学风格，有主见、有思想、有个性的老师太少了，老师只注重勤奋就可以了吗？不，还得注重思考，思考源于研究。通过研究，更加凸显自己的教育教学见地，形成自己独树一帜的教育特色。

例如：上海南汇二中骨干教师张丽芝通过初中数学课例研究和数学史课程建设，以课例研修课程的孵化与运用，引领学校教师成长，形成数学课例研究的"课程孵化模型"，形成了自己独特的教育视角和教育实践。张老师领衔研发的《见习教师课例研究实践方法培训》课程，在"2016年上海市见习教师规范化培训通识类课程评选活动"中获得了A类课程的荣誉。

三、有研究才有突破

只有思考与研究，才能创新，才能有所突破。一位老师谈到他的一位学生：一天夜里，他发现一个学生在实验室埋头做实验，便好奇地问："上午你在干什么？"学生答："在做实验。""下午呢？"他继续问道。"也在做实验。"听到学生的回答，这位老师并没有夸这位学生勤奋，反而皱起眉头批评："你一天到晚都在做实验，那什么时间思考呢？"

这个故事很值得我们思考，很多时候我们都沉浸在烦琐的忙碌中，却没有时间来思考自己忙的是什么？忙的意义在哪里？在教学实践中，我们很容易陷入忙碌的漩涡，如果你也为这样的经历而焦虑，不妨停下来静心想一想。我们的教学不只是一个一个的解决问题，研究型教师应该是从鲜活、生动、大量的教学实践中找到解决问题的规律。这才是在实践中学习，在实践中突破。

第二节　中小学教育科研关联认识的辨析

6. 科研和教研的区别是什么？

在日常的教学工作中很多学校和老师把科研与教研混为一谈，或者完全分开。其实科研与教研是两种不同的教育研究形式，有着一定的区别。

一、教研与科研的内涵分析

1. 科研的内涵

在教育领域，科研是教育科学研究的简称，它是运用科学方法探求新的教育科学知识的活动。根据德国教育学家布蕾津卡的思想，广义的教育科研可以分为三类：一是狭义的教育科学研究，其任务是描述和解释教育事实，揭示教育规律，回答"教育是什么"。二是教育哲学研究，其任务是提供教育价值取向和规范取向，回答"教育应该是什么"。三是实践教育学研究，其任务是在教育科学研究和教育哲学研究的基础上，为教育实践的具体实施提供理论指导，回答"教育应当怎么做（应当做什么）"。实践教育学不是实践，而是指导实践的理论建议。本文中的科研指广义的教育科学研究。根据与实践的密切程度，我国一般把教育科研分为基础研究、应用研究和开发研究三类。应用研究乃至开发研究也不等于应用，它们具有实践教育学性质。一线教师口中的科研一般是指基于课题项目的研究，且是基于实践应用的项目研究。

2. 教研的内涵

我国基础教育有重视教研的传统，早在20世纪50年代，就开始建立各级教研机构。从研究主体角度看，教研包括专职教研员的教研和教师的教研两大类。本文中的教研指中小学教师的教研。教研也有狭义和广义之分，狭义的教研是指教师对教学工作的研究；广义的教研则是指教师对包括教学活动在内的所有教育实践的研究。本文中的教研指广义的教研，它是教师在对具体实践问题进行理性认识的基础上，制订出解决问题方案，并付诸实施，从而促进学生全面发展的研究活动。从教育实践的环节上说，教研主要包括四类：一是教师对教育目标的研究；二是教师对教育内容的开发和组织研究；三是教师对教育过程的实施研究；四是教师对学生发展结果的评价研究。从水平上说，教研主要包括三类：一是教师研究如何将个人的既有理论和经验灵活运用于新的教育情境；二是教师研究如何将他人的先进教育科研成果运用于自己的教育实践；三是教师超越已有理论进行新的实践探索。无论水平高低，开展教研活动都会使教师的实践远离简单重复和低效乏味。

由上可见，常规的教研实质上也是教育科研，教育科研的方式包括教研。

二、科研与教研的区别

1. 研究范畴不同

科研是以教育理论为武器、以教育现象为对象、以科学方法为手段，并遵循一定的研究程序，有目的、有计划地获取新的教育科学规律性知识的一种创造性的认识活动，其关注的是普遍的、不受特定背景限制的理论概括，主要任务是探索和揭示教育规律。中小学教师的科研也是一种基于教育理论的行动研究，通过实践研究，进一步丰富已有的教育理论和教育实践。教研则一般是将已有的先进教育理论、教育教学规律应用到教研实践中，更多的是行动研究。教研的实质是一种创新性的教育实践活动，属于实践范畴。

2. 研究目的不同

科研的目的主要是为了解决教育实践中出现的、新的、重大的、必须解决的问题，研究需要取得理论上的新突破、实践上的新成果，进而推动教育理论与教育实践的不断发展。教研的目的则是直接为日常教学服务，为了尽快提高教学效果，提升教育质量，教研通常是针对教学中某一个学科某一个具体问题开展研究，从而解决如何才能做得更好的问题。

3. 研究方法不同

科研要求有严谨的科学态度和严肃的科学精神，运用严格的、科学的研究方法，准确把握教育现象内在的联系，揭示教育现象的本质，探索教育客观规律，最大限度地保证研究结果的科学可靠性。其对研究方法的要求相对较高。教研则一般以个人的、局部的经验为基础，采取行动研究的方法，并在研究中普遍融入一定的个人主观色彩，具体形式包括听评课、说课、集体备课、集体研讨、教材培训、优质课评比等各种教研活动。所以，其对研究方法的要求就没有那么严格。

4. 研究过程不同

科研是有目的的、有计划的、连续性的、系统性的研究活动。其基本过程一般包括发现问题、确定选题、查阅文献、制订方案、申报课题、实施研究、课题结题等，整个研究过程是以课题组为基本的组织单位，是一个完整连续的探索过程，其周期一般在1～3年，甚至更长时间。教研的过程则具有较强的即时性和变化性，一般是根据上级教研主管部门或学校教研组的通知和要求，以课程标准、教学常规、教学管理制度、先进经验等为依据，以学科为基本组成单位，通过开展形式多样的教研活动来进行，其过程一般较短，大量校本教研和小范围的教研都是根据具体教育教学情况的变化而变化。

教研的一般操作过程则是：发现实践问题—明确问题—制订解决方案—实施方案—实践反思。科研课题有相对稳定性，科研过程有较强的历时性；而教研课题和过程有较强的即时性，常随着具体教育情境的变化而变化。

5. 研究成果不同

科研的成果强调对教育经验的提炼与升华、教育规律的探索与发现、教育理论的突破与创新，其表述形式一般为研究报告、学术论文、学术专著、改革方案等，一般具有普遍的推广应用价值。教研是对教学过程的某一个因素、某一个环节的微观研究，其研究成果一般表现为优秀课例、优秀教学设计、优秀教学反思、成功教学经验总结、教学规范管理等直接可以运用到教学实践中的成果，其应用范围也仅限于一所学校、一个学科、一个区域。

7. 如何破解教研科研脱节现象？

在研究的组织上，科研是以课题组为主要组织形式，课题组成员往往由具有相应学术背景、研究能力和研究兴趣的人员自发组成；课题主持人是主要负责人，虽然有时候学校的科研工作也会受到行政工作的打扰，但从组织上而言更具有学术自由的意味。而教研一般是以各级教研机构为主，以学科为单位，通过正式文件、上级通知的形式进行组织，各级学科教研员、学科教研组长是主要负责人，在组织上更具有行政要求的意味。由于以上区别，教师们往往把教研与科研截然分开，分成两条线实施，形成脱节现象。

教研与科研（课题研究）既然都是教育科研活动，其实是可以整合实施的。

一、以科研成果指导教研活动开展

当前我们中小学开展了不少教研活动，无非就是集体备课，参与某个课程的集体学习，或者先让青年老师上一节展示课，然后大家围绕这节课开展有效的教学研讨，研讨的内容基本上都是就课论课，都是一些课堂表面的现象，而看不到有效教学的内在实质，无法深入教研活动，自然对改进教师的教学实践工作没有太大的帮助。出现此种状况很重要的原因就是教研活动忽略或不重视运用教育理论进行指导，不注重对先进教育科研成果的学习与应用。因此，好的、有效的教研活动，要以真实问题作为研究的基础，这也是将教研与科研有机结合的重要途径之一。

二、以科研手段来提升教研成果

在中小学有很多优秀教师，他们积极参加各种教研活动，也积累了丰富的教研成果，比如大量的优秀课例、优秀教学设计、先进教学经验等，但是这些老师却无法将自己的这些成果推广给其他老师，其他老师想学习也感觉无从下手，其中重要原因就是这些老师们的教研成果是零散的、个别的、经验性的，不具有普遍性的推广应用价值，只适用于本人或小范围内的模仿学习。如何将这些零散的、经验性的、存在于教师头脑中的教研成果进行总结、提炼和系统化，突破无法推广应用的局限？这就必须借助教育科研。通过开展教育科研活动，运用科学的研究方法，以教育理论为指导，从教研成果积累的大量经验素材中，发现事物的本质与规律，运用科学的逻辑思维，对其进一步提炼和升华，从而使教研成果上升为具有普遍性和推广应用价值的科研成果。与此同时，经验型优秀教师也逐渐成长为专家型、研究型优秀教师，在“照亮自己”的同时，也能“照亮别人”。

三、通过教研推广和应用科研成果

在“科研兴校，科研先导”的理念影响下，中小学也日益重视开展教育科学研究，科研成果非常丰硕，但丰硕的科研成果却无法促进其他学校教育教学质量的提升。其实，这些科研成果在被推广应用到教育教学实践之前，都只是一种潜在的价值，还无法真正成为推动教育发展的“第一生产力”，这时必须将教研与科研结合起来，通过教研来推广和应用科研成果。通过教研活动，教师对成果有一个完整的了解，并自觉应用到更多教育教学实践当中去。这样，科研成果才能真正体现出现实的价值，教育科研也才能真正实现其最终目的——改进教学，提高质量。

四、以课题为载体将教研与科研有机结合

从教研走向科研，把教研、科研有机融合，以课题为载体进行教研活动，将课题研究贯穿于常规工作中，以科研带教研，以教研促科研，向教研要质量，向科研要效益，既立足实践，又研究方法规律，实现教研活动科研化。在课题选题阶段，中小学教师可以将教研中发现的问题进行归纳和提炼，找出最基本的、最关键的和最普遍的问题，上升为课题研究的选题；在组建课题组或研究团队时，课题负责人应该优先考虑与研究内容相关的学科教研组成员、学科一线教师和相关教育教学专家，甚至可以是一套人马、两块牌子；在课题研究的过程中，可以围绕研究课题的内容设计一系列的主题教研活动，在教研中开展课题研究，收集研究素材和研究资料；在课题结题阶段，更应该将研究成果通过教研活动充分应用到教育教学实践当中去，一方面通过实践来检验科研

成果，另一方面通过实践来发挥科研成果的真正价值。

综上所述，化解科研与教研“两张皮”现象并非一日之功、一蹴而就，这需要我们多方努力、多管齐下。中小学如果要真正发挥教研与科研的作用，就必须将教研与科研有机结合，以研究者的角色开展教研活动，变教研员为研究员，变经验指导为理论指导，变学习交流型集体备课为研究探索型集体备课，变示范课为研究课，变经验总结为理论创新，通过多种路径和策略将教研和科研有机结合起来，最终实现以科研指导教研，以教研推动科研的良性循环发展。

苏霍姆林斯基有这样一句话：“不研究事实就没有预见，就没有创造，就没有丰富而完满的精神生活，就不会对教师工作发生兴趣。不去研究、积累和分析事实，就会产生一种严重的缺点——缺乏热情和因循守旧。只有研究和分析事实，才能使教师从平凡的、极其平凡的事物中看出新东西。能够从平凡的、极其平凡的、司空见惯的事物中看出新的方面、新的特征、新的细节，这是创造性的劳动态度的一个重要条件。同时，这也是兴趣、灵感的源泉。如果教师没有学会分析事实和创造教育现象，那么那些年复一年地重复发生的事情在他看来就是枯燥的、单调乏味的，他就会对自己的工作失去兴趣。而如果教师没有兴趣，那么学习对儿童来说就会变成枯燥的事情。”

8. 高校课题研究和中小学校课题研究一样吗?

刚毕业参加工作的教师，由于在入职前参加了高校的教育科研活动，常把对高校内的教育科研理解移植到中小学教育科研工作中来，但又常感到不适应。究其原因，是没有认识到高校教育科研与中小学教育科研的区别。高校的研究和中小学校的研究是有较大差异的。

一、研究内容

对于高校课题研究而言，理论基础很重要，逻辑上的通顺很重要，理论基础就像是树根，研究观点就像树枝，每一条树枝往下顺都能够寻到树根，而数据的作用多用来对观点进行佐证。关注的问题主要是经过文献梳理后，发现的研究理论空白或不足。中小学校课题指以改进学校实践、解决学校所面临的问题为目标，从学校的实际出发，充分挖掘和利用自身的潜力与资源进行研究、培训和课程开发等活动。关注的问题主要是来自学校管理者与教师在教育教学工作中所遇到和亟待解决的实际问题，进而探索解决问题的对策。

二、研究目的

中小学校课题是为日常教学服务的，以学校的发展为着力点，通常是为提高教育教学效率、提升教学质量或是解决某一项教学实践方面的难题而进行研究；但是高校课题则是为了解决教育实践中出现的新的、重大的、必须解决的问题，研究需要取得理论上的新突破，实践上的新成果，进而以此推动教育理论与教育实践的不断发展。

三、研究成果

高校课题研究的成果形式多以论文为主，一些长期的研究能够形成专著，成果作用在于对知识的积累和传播，以及对学术研究人员思想上的启发。中小学校课题研究的成果（成效）是学生与教师的成长与发展，它需要通过多种形式来表现。学校开展行动研究后的成果主要表现形式有研究报告、教育叙事（报告）、教育案例和课例。此外，表现学生成长与教师发展的材料也可以是成果组成部分。

四、研究时限

高校课题研究，像国家自然基金项目、教育部项目、国家社会科学基金项目等等，根据项目类型不同，时限也都不等，短则一年，长则三五年。中小学课题由课题主办方根据本课题的实际情况制定。当课题研究难度越大时，研究周期往往会越长。从不同的课题级别上来说，校级课题一般要求1年结束，市厅级和省部级课题一般要求1～3年结束，国家级课题一般要求2～4年结束。从课题类别上来说，同一级别的课题可能会被分为不同的课题类别，比较常见的是一般课题、重点课题、青年课题。其中，一般课题和青年课题通常要求1～3年结题，重点课题一般是2～5年结题。

9. 理论研究和实践研究的区别是什么？

教育研究分为基础性研究、应用性研究，实质就是偏理论还是偏实践的问题。现实中，高校研究是偏理论的研究，中小学研究是偏实践的研究。这就需要厘清理论研究与实践研究的关系。

一、什么是理论

理论是只求“是什么”的解释，或者解释某些现象的条件或原因等。

二、什么是实践

实践关注情景下的具体事物，其抽象高度必然是有限的，视域目标也不在于高度，而在于实践有效，发觉和匹配最优的实践条件。行动上做出结果、改变世界就是实践。

三、理论研究和实践研究的关联

实践研究就是在实践工作当中研究，在日常工作当中研究。实践研究通常就是除了个体之外的对面上的研究，也就是对整体的研究。实践研究一般经历了一个过程：描述困惑、提炼问题、设计方法、尝试解决。那“实践研究”与“实践”有什么区别呢？“实践研究”是清楚地把问题提炼出来，有计划、有目标地将解决方案精心设计出来；“实践”可能只是在日常化的工作，“实践研究”就是要去思考，去找办法解决问题，所以说，“有研究，你就掌控工作；没有研究，工作就会掌控你”。理论研究是与实践研究相对应的。理论研究是对某一问题的底层理论或者前期理论进行深入研究，通常也是待解决问题中最难解决的方面。

10. 教育科研需要写作功底吗？

由于教育科研成果通常是以文本报告的方式呈现的，因此文本撰写的任务比较多。所以，就常常形成一个认识误区：教育科研需要文笔好的人员。学校也常把语文老师派来做研究。

事实上，教育科研写作需要的是朴实、简洁，不需要过多的修饰，重要的是思路与条理，重视逻辑与实证。

教师科研写作不是只意味着一种技能，文笔好或文笔不好。实际上，教师科研写作是教师对某些问题进行思考、尝试解决的生命表达，它主要包括思考的逻辑序化、话语的创新表达与行动的语言呈现三个不可或缺的要素。

人人皆能思考，但并不意味着人人都会思考。因为真正的思考是一种逻辑序化的过程，它至少蕴涵着两重含义：其一，思考是对问题的思考。问题既是驱动人思考的引擎，又是人思考的聚焦点。倘若没有问题的牵引，人的思考就是任意盲目的，难以聚集人的意向和注意力。科研写作就是在问题的牵引下，将人对问题思考的结果借助语言文字进行逻辑序化的表达。其二，思考是思想创生的起点。科研写作不是家长里短的唠叨，而是人独特思想的阐述。这是因为论文皆因“论”而成文，而这里的“论”即独特思想的诠释，通俗地说就是“讲道理”。无论是叙述一个故事，还是呈现一个案例，抑或展示一个行动过程，其背后的价值皆在于透过一个故事、案例或行动过程的描述来阐释及论证某一个道理。而没有“道理”的贯穿，故事、案例或行动过程的描述就成了材料的堆积，就会让人萌生“丈二和尚摸不着头脑”之困惑。

科研写作对教师成长的意义，并不仅仅在于论文能否发表，其深层的价值在于改变教师那种无思想的、机械的教育教学生活，使教师以一种自觉、反思与创造的方式从事教育教学，在成就一个个学生的同时，也彰显着自身存在的价值，书写着自己生命的辉煌。

第二章

教育科研的基本流程（选题、立项、实施、结题）

11. 课题研究的过程是怎样进行的？

一、选好题并做好可行性分析

1. 发现问题（问题即课题）

从教育教学的问题及困惑中选题，也可在教研活动中发现课题。在教学中会遇到各种具体问题，当这些问题成为教育教学困难时，我们需要分析问题的主要表现与原因是什么。继而查阅资料，学习借鉴他人的经验，寻求解决问题的办法。这样的问题就可以成为课题。如少数学生不能独立完成作业，通过调查发现，学生不是能力问题，而是没能及时掌握所学内容，解决的办法是提高学生的课堂学习效率，培养学习能力，由此，可以形成一个课题："促成学生独立完成作业的高效学习策略研究"。教研活动可以让我们更多地了解教育教学情况，让我们没有意识到的问题被激发出来，这样也可以形成课题。

2. 做好可行性分析

我们在选定一个课题后，需要对这个课题的各方面情况进行了解。主要是了解该课题目前在国外、国内的研究情况，包括该课题或类似课题的研究已取得的成果和存在的问题。

二、形成研究方案

研究方案是对课题研究的总体规划，是指如何进行课题研究的具体设想，是开始进行研究工作的思路、框架和蓝图。研究方案需要解决4个问题：为什么研究？研究什么？怎样研究？预期成果？

三、课题的申报与立项

1. 课题的申报

可申报国家、省、市、县区级科研课题，由个人（或课题组）提出申请，并填写相应的申请书，经学校审定，逐级向上级教研部门申报、审批。

2. 课题的立项

搜集研究资料，寻找支持本课题的有关理论依据，搜索与本课题相关的已有成果，思考仍然存在的未解决的相关问题；从学校实际情况寻找资料：优秀教师的经验；失败的教训；具体案例。再向教育科研管理部门提出“教育科研课题申报表”，批准立项方可进行课题的研究。

四、开展课题研究

1. 课题开题

研究课题开题，也称课题设计和论证，主要是通过开题报告。

2. 课题的研讨实施

课题的研讨实施首先要明确研究任务，并进行分工，拟订课题研究计划和研究方案，并邀请专家指导，加强课题组成员的培训。最重要的是举行课题研讨活动。在研究课题的时候，教师要按照分工，寻求方法解决问题，在解决问题的过程中，因教师所针对的对象可能存在很多个体，因此问题解决方法不见得适用于每个个体，所以教师要在反复试验后，才能找到最适合的解决方法。

五、课题总结

撰写课题结题报告，并聘请专家进行课题的结题鉴定，向上级主管部门申报成果评奖与成果推广。

第一节　选题阶段

12. 如何在教育实际问题中遴选课题?

在教育教学活动中，教师经常会碰到各种各样的问题。课题来源于问题，但问题并不等于课题，问题能否成为课题，需要对问题本身的意义、价值等进行分析。

一、问题是真问题

真正的科研从真实问题入手。能作为科研课题的问题，必须是真问题，才能帮助教师解决问题，有效应用于教学实践。

二、问题有普遍性

课题研究解决的是教师在教育实际中的共性问题、典型问题，问题如果只是个别现象，没有普遍意义，就不能成为课题。如："怎样帮助两名幼儿学会用筷子？""如何提高五名学生的语文成绩？"，这两个问题都属于具体的个别现象，不是科研课题；而"提高学生语文阅读能力"这样的问题是共性问题，具有普遍意义，可以成为课题。

三、问题具有价值

具有应用价值的问题可以成为课题，即课题研究成果能够有效解决教学实践中的问题，具有客观规律性和推广的普遍性。如"先学后教课堂教学模式研究"，研究成果可在同级同类学校中进行推广。

同时，具有创新价值的问题也可以成为课题，如"支持学习的理论与实践研究"，目前关于支持学习的文献较少，通过课题进行研究，明晰支持学习的样态，丰富支持学习理论体系。

四、问题难度适当

问题如果是因为教师自身理论知识欠缺，或是经验不足而产生的，如：“新教师如何备课？”“怎样开好家长会？”，这类问题通过加强理论学习，经过教师自身努力就可以解决的，不宜成为课题。

还有一类较为普遍、典型的问题，解决问题可能需要花费一定时长，如：“如何开展幼儿绘本教学活动？”“怎样提高家庭作业的有效性？”，这类问题通过小组合作，以教研的形式就能解决，也不宜成为课题。

有些问题具有难度大、价值高、耗时长的特点，像“核心素养导向的幼儿园美术园本课程建设”这一问题聚焦园本课程建设；“小学图画书‘班级共读’教学指导策略研究”这一问题面向小学所有班级。这类问题单靠教师个人很难解决，而教研也不能很好持续深入研究。因此，需要借助学校骨干团队，集中力量通过课题开展研究。

五、问题具体明确

研究的范围、内容、目的、方法明确具体，这样的问题才能成为课题。因为任何一项研究只能解决教育科学体系中的个别问题，研究的任务越明确，越容易找到突破口。如果问题过大、笼统，很难将其确立为课题。如“关于学生能力的研究”，这样的问题就是大而空泛，界定不明确。因为没有说清研究的是哪个学段的学生，另外，学生的能力又可分为学习能力、生活能力等等，而学习能力、生活能力还可以再进一步细分。而“思维显性化促进小学生数学建模能力发展研究”，有明确的研究范围、研究内容、研究方法，这样的问题可以成为课题。

13. 课题应该从哪些方面入手？

课题研究中，遴选课题是首要环节，也是重要步骤。课题可以从以下几个方面入手：

一、从教育实际中选择

选择教师在教学实践中亟待解决的问题，特别是普遍的、关键性问题，如：“幼儿自理能力的培养”“如何开展新时期青少年德育工作”等。

从学校的中心工作、重点工作中选择，如：“促进学生全面发展”“学校课程建设”“教师培养机制”“家校合作策略”等。

二、从教育教学改革热点中选择

可以从教育教学改革热点中，选择合适的问题进行课题研究。2014年3月，教育部发布《关于全面深化课程改革落实立德树人根本任务的意见》，到2016年9月，正式发布研究成果，核心素养成为广大教育工作者教育教学实践活动的重要思考点、实践点；2021年，《关于进一步减轻义务教育阶段学生作业负担和校外培训负担的意见》公开发布，“双减”政策成为2021年教育教学的改革热点；2022年，教育部发布《义务教育劳动课程标准》，劳动教育成为教育最大的热点。如：“教师如何在课堂教学中落实‘核心素养’”“‘双减’背景下初中数学有效作业的设计与实施研究”“幼儿园劳动教育内容及实施策略的实践研究”等问题，都可以成为有研究价值的课题。

三、从课题指南中选择

各省、市的教育科学研究管理机构或教育科研规划领导小组，在一定的时间范围内，会定期或不定期地发布一些教育科研课题指南，学校或教师根据发展需要以及自身兴趣，对《指南》中的题目进一步具体化，提出符合自身实际的课题。

四、从文献空白中选择

高级别（国家级、省级、市级）课题、重大课题对理论性、创新性要求比较高，特别需要文献查新，通过寻找文献中尚未研究的，或者研究中存在的缺陷或者不足作为选题进行研究。

五、从已有课题中延伸

将已有课题进行延伸也可以得到不错的选题。已有课题包括在研课题的子课题或关联课题，子课题是总课题的任务分解，为总课题研究服务。如省级课题“《指南》背景下农村在园幼儿家庭教育的指导性策略研究”，课题研究聚焦农村在园幼儿家庭教育的指导性策略，但是幼儿园自身实际及家长群体的不同，使得家庭教育的指导策略呈现多途径、多样化的特点。因此，在总课题下延伸出子课题，不同幼儿园以承担子课题的形式共同参与课题研究，形成“农村幼儿园家长工作建构与运用的研究”等子课题。

已有课题还包括已结课题的未解问题或新的思考角度，根据已结课题的范围和层次，从其广度和深度中挖掘新的课题。如“幼儿园劳动主题课程实践研究”是在已结课题“新时代劳动教育背景下幼儿园劳作工坊建构实践”的基础上提出来的，参考借鉴已有研究成果促使研究步步深入，从劳作工坊到劳动主题课程的实践研究，既拓宽了研究广度，又丰富了幼儿园劳动课程的活动类型以及内容。

14. 如何将“问题”提炼成研究的课题？

我们知道课题研究就是要解决教育教学实践中存在的各种具体问题，但教师经常混淆教育教学问题与教育科研课题，甚至将问题直接作为课题。在教育教学实践过程中，将问题提炼成课题时，要基于问题的现象，分析问题形成的原因，并针对原因寻找突破口（方法、策略、路径），探寻突破口的运用规律，这个规律的探寻任务就是课题。即经历“现象—归因—主题—课题”的思考流程。比如：小班幼儿年龄小，规则意识比较弱，这一现象可能会产生“如何增强小班幼儿规则意识”的问题。要将这个问题提炼成课题，需要从学科专业维度对问题进行剖析，即明晰幼儿规则意识的内容及发展特点，对幼儿规则意识弱的原因进行调查，分析问题产生的原因，并提出问题的解决策略。如可以从“小班幼儿体育游戏中规则意识的培养”“小班幼儿规则意识在常规活动中的培养”等角度来研究，这样解决问题的过程就有了研究的状态，问题自然成为了研究课题。

第二节　立项阶段

15. 为什么要参加课题立项答辩？

立项答辩是由课题管理部门组织的评审活动。对管理方与研究方来说，都具有重要作用。

从课题管理方面来讲，可以从众多申报课题中找到具有研究价值、研究方案具有可执行性的、对教育教学工作具有“提质增效”意义的课题；对研究方（申报团队）来讲，通过立项答辩，可以由专家把脉，帮助课题组提升理论层次、开阔研究视野，进而优化研究方案、理清研究思路。

16. 立项答辩要做什么准备？

首先，围绕选题，理清选题依据。可以从国家宏观政策背景、社会现实需要、教育教学工作实践改进等方面着手梳理，使选题从必要性、紧迫性和可行性等方面站稳“脚跟”，明确选题的价值。

其次，深入查新，做好文献综述。摸清当前选题在国内外的研究现状和研究趋势，总结已有研究中已经解决了哪些问题，还有哪些问题需要解决，以及已有研究者是采用何种方法解决的这些问题。通过梳理，一方面为当前选题提供必要的理论依据，另一方面逐步明确本课题的创新点和研究效益。

再次，合理安排，规划研究方案。课题组需要围绕选题进行严谨的研究设计，从研究目标、研究内容、研究思路、研究重难点、研究方法、研究计划、预期成果等方面着手规划，并且还要明确主研人员分工、分析课题组的研究优势、已有研究基础及资金保障，形成合理、可操作的研究方案。有条件的情况下，最好与有关专家就研究方案进行研讨，不断打磨并优化研究方案。

最后，理清思路、填写立项申报书。课题组需要根据所申报的课题类型填写相应的课题申报书，填写时务必看清文件要求及填写要求，避免不必要的疏漏。填写完毕后，课题组内还可以在正式答辩前不断优化研究方案。

17. 如何参加课题的立项答辩？

立项答辩一般按照课题申报书的内容进行汇报，重点陈述本课题的必要性、科学性、创新性、可行性和实用性。具体来讲：

首先，课题组要按文件要求提前打印好答辩材料、选定答辩团队人员（汇报人一般为课题负责人），答辩团队要熟知课题申报书的各项内容，尤其是研究问题、研究思路、创新之处、研究优势等，在答辩时做到心中有数。

其次，课题组要制作高质量的多媒体演示文稿，争取在规定时间内全面、有重点地进行汇报。主题突出、思路清晰且精美简洁的多媒体演示文稿的展示，可使汇报内容更生动、清晰。

再次，汇报完毕后，答辩团队要认真听取专家组的提问，并沉稳、清楚地进行答辩，最重要的是认真听取、记录专家提出的修改建议，这将有助于课题组进一步理清研究思路。

最后，答辩团队要注意答辩时仪表端庄得体、语音响亮清晰，答辩结束记得向专家致谢。

18. 立项答辩以后要做什么？

立项答辩其实是在专家帮助下进一步理清研究问题、梳理研究思路的好机会。完成答辩后，课题组要认真分析专家建议，围绕课题研究的问题、内容及重难点，筛选和梳理对本课题有实质性价值的建议，继续整理课题思路、优化研究方案，如果有需要，还可以在答辩后，找专家进行下一步的课题咨询。

19. 课题立项后该做些什么？

经教育科研管理部门评审，通知课题组该课题立项，即是课题立项成功。

课题立项成功后，就意味着课题研究方案要投入实施了。课题组应当着手准备开题工作，邀请专家对课题方案作论证，进一步明确研究的方向和内容。

当然，随着研究的不断深入实施，也要在遇到具体问题时，对研究方案进行动态调整优化。课题立项后，简单来说就是要落实研究方案：明确研究目标、分解研究内容、人员合理分工、实施研究方法、融入日常工作、积累课题资料、提炼研究成果并论证反思，严防“轰轰烈烈开题、冷冷清清研究、匆匆忙忙结题”。

其中，尤其需要注意的是：

（1）课题研究不是为了研究而研究，而是要将课题研究与日常教育教学紧密结合，将研究过程细化为一项又一项具体的、带有自觉研究意识的、具有研究任务性质的教学工作或研究活动。也就是说，在教育教学工作中一定要有研究的意识与自觉性，避免出现“教研”与“科研”脱节的现象。

（2）务必做好研究过程中课题管理及相关资料的收集整理工作。课题一旦立项成功，要有计划地对研究过程进行阶段性的总结，保证课题研究在紧密地实施研究方案，保证相关教育教学活动中都围绕课题进行思考与开展。同时，有序、合理地进行资料收集整理，这样既有助于课题组反思总结，又有助于结题阶段的研究报告撰写与研究成果提炼。

第三节　实施阶段

20. 如何确定课题组成员及其分工？

课题研究计划中要把课题组负责人、成员的名单及分工写出。拟订计划前，要了解课题组成员的专业、能力、特长，曾有的研究经历和成果，并将其列出，以便课题管理者对课题组的研究力量有所了解。课题组人员并不是越多越好，四川省教育规划课题要求一般不超过9人，全国教育规划课题和全国教育学会课题参与总人数都要求控制在5～11人。

课题组长是课题研究的总负责人，责任最大，要全面策划课题研究的思路，协调课题组成员的分工，处理课题组与外界的关系，享有课题研究最终成果——结题报告的拥有权和知识产权（以他的名义发表或评奖）；课题组成员根据分工的不同，负责做好自己分内事情，享有自己分内工作形成的成果——教学论文、教学案例、教学反思、教学设计等的拥有权和知识产权，同时课题组成员取得的成果又是整个课题组最终成果的重要组成部分。

对课题组成员进行分工前，要弄清楚所要研究课题的内容，知道该课题主要研究哪些具体的问题，明确具体的研究思路，针对课题组成员的实际情况合理地进行分工。课题研究是集体行为，分工是为了合作，每个课题组成员都要围绕着课题研究的内容和工作，做好自己分内的事情，同时要围绕着课题研究的内容和工作，相互研讨，相互交流，相互配合，相互支持，相互帮助，共同攻关，共享成果。课题研究的主要内容包括：

（1）撰写方案，主持、分配研究人员的研究任务。

（2）承担课题研究中资料收集、保管和作品收集的工作。

（3）督促、检查研究进程，提供人力、物力保障，参与研究工作。

（4）对研究过程实施全面管理，参与课题研究工作。

（5）随时关注课题研究。

（6）负责策划、布置课题研究方案，检查研究工作任务的落实情况，参与课题研究。

课题分工可以以子课题的形式，让每一名课题组成员都承担一项子课题，都有自己的研究方向和研究重心。这样，做到课题组成员分工明确，而且每一名成员都参与课题的整个研究过程。这种分工是相对的，每人只是研究该项课题的其中一个方面的内容，而彼此所研究的内容又是相关联的，每一个方面的内容加在一起就构成了一个完整的课题。每隔一段时间，课题组成员就可以在一起研讨，分别就所研究的子课题进行交流与沟通，分享好的做法与经验，同时也要提出子课题研究过程中遇到的问题，大家可以集思广益，形成共识。这样，课题组既进行了合理的分工，又能够更好地合作。

21. 如何确定完成研究的保障措施?

研究的保障措施一般是指：人员保障、组织保障、经费保障和技术保障。

一、人员保障

课题研究必须介绍研究课题的人的职务、职称、工作、经验等，即通过人员介绍，证明课题组有能力完成该课题研究。所有参与人员长期工作在教育教学的第一线，经验丰富，有很高的科研和实践能力。他们完全有信心、有决心圆满完成此课题的研究。

二、组织保障

成立课题组，健全研究机构，做到研究任务、时间、人员三落实。

制度保障，制定课题管理条例。规范学习、研究制度，以激励为杠杆，激发教师研究热情。

三、经费保障

设立课题研究专项经费，保证研究过程中相关书籍、所需设备的添置及外出学习、开展活动等的经费充足。

四、技术保障

聘请专家担任顾问，选派骨干外出培训，组织外出参观学习等。课题研究与学校工作相协调，做到教学科研化，科研教学化，使学校教育教学与教育科研同步发展、共同提高。

22. 如何对课题资料进行分类?

中小学科研课题研究资料可以从以下六方面进行分类：

基础性资料类：课题研究的前期调查、假设、课题论证、最终选定等，是反映课题研究基本情况的资料。

计划性资料类：课题研究的整体设计与部署，主要包括课题研究各阶段所形成的各类计划方案，以及课题研究过程中的主要设想和调整等方面的内容。

过程性资料类：课题研究过程中所产生的各类资料，也是课题研究过程中的关键性资料。这些资料比较繁杂，重在随时随地地搜集、积累与整理，特别要注意研究过程中的原始数据与资料。

专题性资料类：课题研究过程中，围绕一些事关整个课题运作流程而进行深入、系统的研究所形成的资料，它对课题的延伸、拓展与深化具有重要的意义。

效果性资料类：效果性资料主要是在对课题实施阶段性、终结性评估时，得到的相应的资料，这是形成最终成果的主要资料。

成果性资料类：也叫总结性资料，涉及课题实施的各个阶段与课题研究结束的各类总结。

课题研究过程中，资料的占有量及资料的客观性和真实性，决定了课题研究成果的质量。因此，全面地收集、整理和保存课题研究资料，是课题研究中的一项重要工作。首先，要明确课题资料的分类方法，按类别进行收集、整理、保存。在进行课题研究时，收集资料要有目的性，寻找自己最需要的内容，整理资料要耐心细致，把收集到的资料放在相应的类别中，按日期做好顺序编号。

第四节　结题阶段

23. 如何进行结题？

结题就是对教育科研课题的总结，也就是当某一课题研究任务基本完成后，对研究成果与相关工作进行总结，形成课题研究报告和结题报告，向课题的主管部门、单位提交研究成果与成果形成的说明，取得课题管理者的认可，为成果的推广应用做好准备，从而为这项课题研究画上一个圆满的句号。

一、分析结题条件

（1）课题研究的目标要求是否全部达到；

（2）课题研究各阶段、各方面的工作、活动是否全面落实；

（3）课题研究的成果质量、水平是否达到预期的目标；

（4）课题研究的各项资料是否齐全。

二、整理研究资料

1. 鉴别

对课题研究领域的各种材料，要集中起来进行清理，对其可靠性及价值进行鉴别，筛去其中不可靠、不必要的材料。

2. 分类

要区分研究参考材料与结题材料，明确结题材料的范围。研究参考材料是在研究过程中搜集的、与课题研究相关的材料，包括指导性材料、比较研究材料、参考借鉴材料等，大都是搜集的、现成的、间接的材料。结题材料则是课题组研究活动的产品及其形成的有关材料。

结题材料大体可分四类：一类是成果材料；二类是原始材料；三类是课题工作材料；四类是成果效益与影响材料。

3. 编目

各种研究材料经过鉴别与分类处理后，填写材料类别、编号、名称、来源，并编写目录，便于查阅。

三、撰写结题报告

见本书第46问。

四、准备结题所需材料

见本书第24问。

五、提交结题材料

向课题管理单位提交结题申请书、结题鉴定书、结题报告，附件材料等。

如课题有需要变动的重大事项，还需要提前写申请备案，通过后方可生效。

六、课题管理单位，组织专家组审阅结题（通讯结题）

（略）。

七、召开结题论证会（现场结题）

审阅结题报告、听课、座谈、质疑答辩、专家组讨论评价，形成书面鉴定意见。

24. 结题需要收集哪些资料?

结题资料应该要收集以下四类：

一、文件性资料

（1）课题立项评审书。

（2）课题立项通知书。

（3）开题报告。

（4）课题设计方案、计划。

（5）各阶段性总结报告。

（6）课题研究工作报告。

（7）课题研究结题总报告。

注：课题研究工作报告和课题研究结题总报告可以合并为一个报告，即课题结题报告。

二、过程性资料

1. 文字资料

（1）各种问卷调查表，以及整理、分析的资料。

（2）课题实验的阶段性成果。

（3）研究过程的大事记录表。

2. 音像资料

（1）各类观摩课、研讨课等。

（2）与课题相关的各类软件。

（3）与课题相关的各种活动。

三、成果性资料

（1）论文、论著。

（2）各种与课题相关的获奖证书。

（3）课题的隐性和显性成果（即课题研究效果和形成的教育理论）。

四、其他资料

体现课题研究特色的资料。

25. 课题结题验收上报材料装订格式是怎样的?

一、封面

附：封面内容：

课题编号：

课题名称：

课题负责人：

学科分类：

所在单位：

二、主体材料

（1）立项批文复印件。

（2）课题研究方案。

（3）课题研究报告（结题报告）。

（4）课题研究检测报告。

（5）成果鉴定书。

（6）其他报告。

三、附件材料（需要精选）

（1）研究过程中的观察记录、问卷调查表等。

（2）研究中的有关原始数据、表格。

（3）课题论证记录、研讨活动记录。

（4）声像、图片、光盘、学生作品集、教师课件、教师学生荣誉等能够反映课题研究成果的相关材料。

附件材料只提供一份。（同一类材料分别装订或存放，封面注明名称）

附课题示例：

凉山州教育科学规划教师个人课题研究成果鉴定材料

一、封面

凉山州教育科学“十二五”规划教师个人课题

成果鉴定材料

课题立项号：G2018115

课题名称：学校教育传承彝族文化的校本策略的实践研究

课题负责人：白学军

课题类别：C. 小学教育

学科分类：2—教育

所在单位：四川省金阳县城关小学

二、装订目录

中级篇

教育科研基本技能

华东师范大学刘良华教授将教育研究方法分为实践研究、思辨研究和实证研究。对一般教育实践工作者来说，需要将部分非学术的实践研究转化为科学的、有理论视角的实证研究。这就需要教师了解和掌握教育研究的一些基本方法。本篇中所列的方法是基于实际操作的具体方法，务求有用、实用，在严谨性上可能就无法兼顾。

刘良华教授还说，教育研究方法“不可教”“不可说”，但它“可以学”。因此本篇在简述了方法的内涵之后，不仅呈现了使用该方法的优秀案例，还附上了笔者自己运用该方法的过程和感受，意在请读者进入案例情境揣摩，再回到真实情境学习运用。

第三章

教育科研主体文本的表达

第一节　教育科研课题论证设计文本的撰写

26. 研究方案的撰写包括哪些部分？

研究方案是对课题研究工作的整体规划，需要说明三个大问题：为什么研究，怎样研究，研究成什么。一般撰写的文本内容体例如下：

一、课题名称

二、问题提出

三、核心概念界定

四、文献综述

五、研究目标

六、研究内容

七、研究方法

八、研究思路

九、研究阶段（研究过程）

十、预期成果

十一、预期效果

十二、研究创新点

其中，一、二、三、四是谈为什么要研究，五、六、七、八、九是谈怎样去研究，十、十一、十二是谈研究成什么。

27. 如何撰写研究方案及其相关材料？

科研课题研究方案是开题报告的重要组成部分，是课题研究的总体规划及具有指导性的纲领性文件，涵盖课题研究背景、目标、内容、方法、人员分工及预期成果等。

一、要清晰表述课题研究的背景、意义与价值

首先，要从国家教育方针、国家中长期发展纲要、新修订的课程标准等角度来论述。其次，课题研究背景要结合本地的校情来论述。

（一）课题的界定与表述

课题的名称必须明确表述所要研究的问题，课题即问题。在课题名称中要尽可能表明三点：研究的对象，研究的问题，研究的方法。如“农村中小学英语课堂中以学生为中心的教法探索及实践”，研究的对象是农村中小学生，研究的问题是以学生为中心的课堂教学法，研究的方法是探索及实践——行动研究法。

（二）研究的目的、意义和背景

1. 研究的目的、意义

课题方案首先应对课题研究的背景和要达到的研究目的进行阐述，回答“为什么要实行研究”的问题。在方案中，课题研究的背景通常以“课题的提出”或“课题的背景”作提示进行阐述，主要是介绍所研究课题的研究目的、意义，也就是为什么要研究、研究它有什么价值。一般先从现实需要方面去论述，指出现实当中存在的某个问题，指出本课题的研究有什么实际作用，然后，再写课题的理论和学术价值。这些都要写得具体、有针对性，不能漫无边际地空喊口号。

2. 国内外研究现状、水平和发展趋势

要陈述课题范围内有没有人研究，哪些方面已有人做过相关研究？取得了哪些成果？这些成果所表达出来的观点是否一致？如有分歧，那么他们的分歧

是什么？存在什么不足以及正在向什么方向发展等。这些内容的分析一方面能够论证本课题研究的地位和价值，另一方面也说明课题研究人员对本课题研究有较好的把握，具有一定的研究基础。我们对某一问题进行科学研究，必须对该问题的研究现状有清晰的了解。

3. 研究的理论依据

教师现在实施的课题研究，基本上是应用研究和发展研究，这就要求我们的研究必须有一些基本的理论依据来保证研究的科学性。比如，我们要实施活动课实验研究，就必须以课程理论、学习心理学理论、教育心理学理论为研究实验的理论依据。我们实施教育模式创新实验研究，就必须以教学理论、教育实验理论为理论依据。

二、要对研究现状进行综述并指出创新之处

在课题研究之初，课题组成员要花费大量时间搜集国内外与本课题研究相同或相近的最新研究成果，然后对这些成果进行梳理，总结出他们研究的共同点及存在的缺陷。通过梳理，总结出本课题要借鉴的成果，同时要根据他们研究过程中存在的缺陷进行重点研究，这就是本课题的创新之处。创新之处可以是不同的方式或方法，如通过研究得出新的策略、方法等，也可以是研究的对象不同。总之，每个课题研究一定要有创新。

三、要对核心词进行界定

核心词是指课题名称表述中有难以理解或易产生疑义的词，需要对此进行界定，让他人来理解其在课题研究中表示的意义。不是每个课题都需要对核心词进行界定，只有课题名称表述中有生僻或难理解的，或容易引起歧义的核心词才需要界定。核心词一般要从两个层面来界定：一方面从词的本义表述来界定，通常称为广义；另一方面从该词在本课题研究中表述的意义来界定，通常称为狭义。

四、要明确研究目标、内容、过程及人员分工

（一）课题研究首先要确定课题研究的目标

研究目标包括“科研目标、育人目标、工作目标”三个层面。科研目标是

课题研究的主要目标，是指导课题研究工作的纲领。科研目标一般根据课题的名称来确定，是对课题名称的总结和概括。科研目标一般表述为：通过本课题研究确定出×××的方法（或策略）等。

育人目标是指通过课题研究，其研究对象在某些方面的能力得以提升。育人目标一般表述为：通过本课题研究使研究对象在×××方面的能力得以提升。

工作目标是指通过课题研究，其研究团队在某些方面的能力得以提升。工作目标一般表述为：通过本课题研究使研究团队在×××方面的能力得以提升。

（二）研究内容要紧扣研究目标，是课题研究目标的具体分解

研究内容要具体翔实，要有针对性，便于操作。研究内容应重点包括问题导向。问题导向是指为达成课题研究目标，需要从什么问题着手。要说明本课题所要研究的问题是如何发现的，然后再介绍课题组成员如何通过对问题梳理，确定本课题的研究方向。

理论提升。它是指课题组为达成课题研究目标，需要系统学习哪些相关理论，采取什么方式等。在研究方案中，要重点阐述课题组成员通过哪些途径（如学习相关理论、听专家报告、外出考察学习等）来提升理论素养。

学习借鉴。它主要是指课题组为达成课题研究目标，要学习借鉴与本课题研究相关的最新研究成果。要详细列出本课题所要学习借鉴的国内外科研成果，以及确定安排进行验证的实验教师是否可行。当然，对于刚开展课题研究的人来说，还要说明如何进行培训、学习科研的一些方法和步骤等，从而保障课题研究的顺利进行。

行动研究。它主要说明课题组如何紧密结合教育教学实际来开展课题研究。要详细列出本课题在各研究阶段所要开展的具体活动及所要达成的目标等。

成果应用。它主要说明对本课题研究的各种成果如何进行推广应用，以便在更大范围内检验课题研究的成果。

（三）研究过程主要包括三个阶段

准备阶段：是指从发现问题确定研究人员，组建课题组，然后对问题进行反复论证，到申请课题立项成功的这段时间，大约需要3个月左右。在这段时间内，课题组成员首先要通过查阅资料，对研究现状进行梳理，及时了解本课题的最新研究成果，并分析已有课题研究存在的问题。我们就是针对这些问题进行研究，从而丰富本课题的研究成果。本阶段重点工作是组建课题组和确定研究方案。

实施阶段：是指课题从开题到研究结束，是课题研究的重要阶段。本阶段重点要围绕课题预设目标及研究内容开展研究，最终达到预期成果。

结题阶段：是指课题研究结束到申请验收的这段时间，大约需要1个月时间。课题组要根据课题研究的进程进行全面总结，提炼研究成果，撰写结题报告，收集相关资料，申请结题验收。

五、要说明课题研究运用的方法

目前，课题研究常用的方法包括“文献研究法、调查研究法、行动研究法和经验总结法”四种。

六、课题研究要明确预期成果

（一）理论成果

最重要的理论成果就是得出课题研究的结论，即解决问题的策略，还包括课题研究者及研究对象的思想、认识、行为等方面发生的变化、素养的提高等。要预设出本课题最终得出的策略及研究团队和研究对象所要取得的成果，如通过研究，预设教师在素养、学识、思考、方式方法等方面的能力得以提升；学生在素质、兴趣、动机、精神面貌上会发生的变化等。

（二）实践成果

课题研究的最终实践成果是结题报告，还有在课题研究各阶段取得的成果，包括开题报告、案例、课例、论文及问卷调查分析报告、开发的校本教材、影像资料等。要写清本课题最终预设的实践成果有哪些。

七、课题研究要有保障措施和参考文献

课题研究的保障措施首先要说明课题组成员，尤其是主持人要有一定的研究能力、组织协调能力等，要说明研究团队已经取得的科研成果，同时还要有人、财、物及制度的保障等具体措施。最后将本课题研究过程中所学习及借鉴的文献列上，以示对他人劳动成果的尊重。

28. 如何表述课题的名称?

课题名称表述的基本要求包括：含义清晰、表述规范、结构完整，具体来说：

一、含义清晰

课题名称的表述要反映研究问题最主要的信息、研究焦点和研究方向。

二、表述规范

（1）课题名称的表述所用的词语、句型要规范、科学，要用学术性的科研术语，不可生造词语，以免造成理解上的歧义。

（2）课题名称的表述不能用比喻句、疑问句等，最好用陈述句。

（3）课题名称的表述一般不用“浅谈”“初探”等论文汇报句式。

（4）课题名称的表述不宜使用略语、阿拉伯数字、拼音字母等。

（5）课题名称的表述避免出现价值判断。如“高中教师敬业精神低落原因的调查研究”，该名称对教师敬业精神做了否定性的价值判断，可以将其改为中性的、不具价值判断的名称，如“高中教师敬业精神及其影响因素的调查研究”。

（6）课题名称的表述还要力求简洁。由于组织申报课题不同的主办单位，课题名称字数的限定标准也有所不同，一般课题的名称字数不超过25个字，或不超过40个字。

例如：

基于新进教师成长的校本研修实践研究

“全”运动理念下幼儿园四季运动方案开发的实践研究

表现性评价在探究性学习中的应用研究

促进学生深度学习的初中地理任务驱动式教学实践研究

基于逆向设计理论的高中英语单元整体教学设计与实施研究

三、结构完整

结构1：研究对象+研究内容+研究方法

如“基于问题导向的新教师培养实践研究”，研究对象：新教师；研究内容：基于问题导向的教师培养；研究方法：实践研究。

结构2：研究范围+研究内容+研究目标

如“小学生整本书阅读有效指导的策略研究”，研究范围：小学生；研究内容：整本书阅读；研究目标：有效指导策略。

结构3：理论依据+研究目的+研究方法

如“生态教育视野下小学课堂教与学行为变革实践研究”，理论依据：生态教育；研究目的：小学课堂教与学行为变革；研究方法：实践研究。

结构4：理论依据+研究对象+研究内容

如“‘TPACK’视域下初中教师群组发展的新路径研究”，理论依据：TPACK；研究对象：初中教师；研究内容：群组发展新路径。

结构5：研究背景+研究对象+研究内容

如“深度学习背景下幼儿园主题活动的设计与实施研究”，研究背景：深度学习；研究对象：幼儿园；研究内容：主题活动的设计与实施。

29. 研究背景要从哪些方面来阐述？

课题研究背景主要从时代、政策和文件三个方面来写，课题背景主要回答“为什么要进行该课题的研究”的问题，同时介绍课题研究的目的、意义、内容确定的依据。以下是课题研究背景的三个层面，可以从这三个层面进行阐述。

第一个层面是介绍国家在相关领域的政策、文件、理论基础和发展趋势。

第二个层面是分析本省、本市和本地区在相关领域的实际做法和现状。

第三个层面一般是分析研究对象，强调研究意义，突出研究团队的研究基础。重点还需要介绍研究团队前期在本领域的探索和取得的成果。

30. 如何确定课题研究的理论依据?

课题研究要先确定所要研究的选题，而选题不是凭空产生的，要有一定的依据。其中，理论依据就是支持研究该选题的理论上的证据。

课题的理论依据要具体，要围绕课题研究的需要，有针对性地列出课题研究所依据的若干个具体的理论观点或若干项具体的政策。在陈述时，应切忌将整个教育学理论、心理学理论或某一专家、学者的整篇著作或某一文件、某位国家领导人的讲话全文当做理论依据。撰写课题理论依据不能表述为：

（1）教育学理论……

（2）心理学理论……

（3）社会学理论……

而应是与本课题研究主题相关的教育学、心理学中的某个具体理论，比如加德纳的多元智能理论、巴班斯基的教学过程最优化理论等等。

我们以实例来说明如何表述：

（1）以师生发展为本的教学观

新课程的教学观认为，教学过程是师生交流、积极互动、共同发展的重要环节，其中教师的发展决定着学生的发展，而学生的发展需要又促进了教师的发展……

（2）动态生成的课堂教学观

叶澜教授的“新基础教育”提出：一个真实的课堂教学过程是师生及多种因素间动态的相互作用的推进过程，由于参加教育活动有……

（3）建构主义“随机访取”的学习理论

（略）

31. 如何对核心概念进行界定?

一、从课题的名称中找出关键词按照从小到大的顺序，进行层层界定

例如：我们可以找出三个词作为要确定的核心概念——阅读、群文阅读、群文阅读实践，这三个关键词之间的关系就是层层递进。

研究者对关键词的界定如下：

群文阅读：是指围绕一个或多个议题选择一组文章，而后教师和学生围绕议题展开阅读和集体建构，最终达成共识的过程。

群文阅读实践：是指围绕实际参与群文阅读实践的对象，发现群文阅读在运作过程中出现的情况与问题，提炼出阐释群文阅读的观点或理论、相关策略等，并用以指导解决阅读教学实际问题的教育研究实践。

这种依次递进提出核心概念的方式，被很多基础教育教学课题研究者所采用，实践证明这是一种比较好的、起到“聚焦”作用的核心概念凝练和界定方法。

二、内涵剖析法

通过对找到的关键词在本课题研究中呈现的内涵展开界定。

例如：在课题“幼儿语言习得关键期语言能力培养策略的行动研究”中，研究者确定了“幼儿语言习得关键期”和“语言能力”两个核心概念，并针对核心概念“幼儿语言习得关键期”界定时间节点，确定了幼儿语言学习的黄金期和关键期的开始和结束的时间，并结合文献检索找到了理论依据。“语言能力”的界定主要是清楚幼儿语言能力包含什么，如语言组织能力、语言表达能力、语言学习能力等。所有核心概念充分界定清楚，选题确定后，研究内容也就清晰了。幼儿语言发展有三种途径，即在幼儿园课堂中发展语言能力，在幼儿园课外活动中发展语言能力，在社会关系交往中发展语言能力，因此，该课题研究确定为三大块内容，即课堂策略、活动策略和社交策略。

32. 研究的目标和研究的目的是一样的吗?

一般说来：目的比较抽象，是某种行为活动的普遍性的、统一性的、终极性的宗旨或方针。目标则比较具体，是某种行为活动的特殊性的、个别化的、阶段性的追求或目标。某一行为活动目的的最终实现有赖于许多具体行为活动目标的实现，目的内涵的精神贯穿于各个具体目标之中。

33. 如何设计研究的目标?

一、课题名称的确定

课题名称也叫课题标题，应具有高度的概括性，恰当地揭示出课题名称与课题中心论点之间的关系。课题的表述不管语句长短，一般都要涉及研究对象、内容、方式方法，其用语一定要准确、明白，合乎科学研究的有关规定。

二、课题提出或研究的背景

这部分内容主要阐述你为什么做这项研究，要说清楚目前这一领域存在哪些问题，取得了哪些成果。

三、课题研究的现状

国内外对该课题研究的进展情况、研究水平及发展趋势和存在的主要问题，有关专家对相同或相似课题的不同观点及研究现状等。

34. 研究的目的和意义关系是什么?

二者还是有一定区别的。研究的目的主要是指为什么要研究这个方向或者选择这个题目，要得出什么结论或者需要解决什么问题等，换句话说就是研究该课题所预期达到的结果。而研究意义一般是从两个方面来写：理论意义和实践意义，理论意义是指研究成果可以在该领域内起到何作用，如弥补某些理论方面的空白、不足，或者丰富某些理论和研究等。实践意义是指研究成果可以对某一个行业、某一类企业或者某一类群体等起到那些实践指导意义，换句话说，研究意义就是做这项研究之后，能够产生什么样的价值和推动作用等。

35. 如何根据研究目标确定研究内容?

课题研究的目标就是通过研究，要解决哪些具体问题。研究目标必须明确、具体，不能笼统地讲。只有目标明确具体，才能知道工作的具体方向是什么，才知道研究的重点是什么，其研究思路就不会被各种因素所干扰。在确定课题研究目标时，既要考虑课题本身的要求，又要考虑课题组实际的工作条件与工作水平。

如何确定课题研究的基本内容？有了课题的研究目标，就要根据目标来确定该课题要研究的内容。研究内容要比研究目标写得更具体、更明确。

36. 如何确定课题研究对象与范围?

一、课题研究对象的确定

既可以是一个人、一群人、某一集体、某一机构，也可以是某一事件，或某一种具体行为、某一现象等，例如对“学困生”这一群体进行研究，或是针对学生计算能力薄弱这一现象来开展研究。研究对象的确定还要考虑被研究者的活动范围、活动时间、是否配合等因素。

二、课题研究范围的确定

教育科研范畴内的课题研究都是来源于一线教育教学中所遇到的实际问题，课题研究范围的大小，得根据研究目标考虑。其范围有来源范围和特征范围。来源范围有地域、学校、班级等；特征范围有性别、年龄、心理特质等。例如对学生安全意识的调查，学生的范围是某一地区还是某一学校，什么类别的学校，什么年级或年龄段。同时安全意识的范围也有大有小，例如：安全意识中包含着防震减灾的安全意识、防溺水安全意识、防火防电安全意识、交通安全意识等等，这些都要进行明确的界定。范围不同，最后得出的研究结果也会不同。

37. 如何确定预期研究的成果形式？

一、研究成果形式

要确定预期研究成果形式，我们需要先了解教育科研课题研究成果有哪些形式。根据全国教育科学规划办的要求，课题研究成果基本就是论文、专著和研究报告。但是，对于中小学老师而言，要写一本专著、发一篇文章不是那么容易的，所以，课题研究成果除了专著、论文之外，还可以有更多灵活多样的呈现形式，如调查报告、实验报告、经验总结报告、典型教育案例分析、典型教学课例视频、教育叙事、文献综述、教学改革实践方案、校本课程实施方案、工具书、正式出版的读本或编著、未出版的校本教材、教学软件、教学工具以及其他成果。

二、预期研究成果形式的确定

课题预期研究成果，分为阶段性预期研究成果和最终预期研究成果。在填写预期研究成果前，一是要看本课题主办方对课题成果的规定，按规定填写相应的预期成果，比如要求中明确指出至少要发表1篇论文，那么在预期成果填写时，就可以写出“发表论文1篇以上”。二是要看本课题主办方认可的课题成果形式。带着这些要求，课题主研人员综合研究课题的想法或思路，撰写相应的预期研究成果，包括名称、形式和负责人。其中，最终预期成果形式主要是从论文、专著和研究报告中三选一。阶段性预期成果形式相对比较多，比如论文、教学案例、调查报告等。

课题预期研究成果，是课题研究最终要实现的目标。切记预期研究成果不能随便写，一旦脱离课题研究实际情况，就有可能在课题结题时，部分预期研究成果不能实现，导致课题不能顺利结题。因此，课题预期研究成果一定要结合课题研究“量身定做”。

38. 如何填写申报表？

撰写申报书要做好以下几方面：一是仔细阅读申报书表格，准确把握需要填写的各部分内容要求及说明；二是认真准备，注意行文重点突出、逻辑清晰、语言简洁、排版美观；三是区别申报书和活页，注意不同的内容要求和表述方式；四是完善修订，对申报书要进行多次修订，直至完善，以确定信息完整准确、语言通顺流畅；五是申报书撰成后应多方征求意见，充分吸纳本单位领导同事、科研处管理人员、相关领域专家及中小学校长等的意见，这样会有助于提高课题研究的可行性和研究成果的实践价值。

第二节　教育科研阶段研究报告的撰写

39. 不写研究方案直接填申报表行不行？

不行。为什么不能省略研究方案而直接填申报表呢？这就要从研究方案的内容和作用说起。

研究方案是课题确定之后，研究人员在正式开展研究之前制订的整个课题研究的工作计划，它初步规定了课题研究各方面的具体内容和步骤。研究方案对整个研究工作的顺利开展起着关键的作用，尤其是对于科研经验较少的人来讲，一个好的方案可以使我们避免出现无从下手或者进行一段时间后不知道下一步干什么的情况，保证整个研究工作有条不紊地进行。可以说，研究方案的水平，是一个课题质量与水平的重要反映。撰写研究方案的过程也是我们不断梳理课题研究思路和脉络的过程，谋定而后动，方能有所获。

40. 如何撰写开题报告及相关材料?

开题报告是立项后修改过的课题研究方案课题立项之后，课题负责人在调查研究的基础上，对原方案进行再审视，再思考这个课题应该怎样进行研究、自己有哪些条件进行研究以及准备如何开展研究等，也可以说是对课题的论证和再设计。

撰写开题报告是展开科研课题研究的首要工作。开题报告的思考与写作可以帮助我们清楚地了解自己为什么要做这个课题？究竟想做什么？想得到什么？怎么做？能否达到自己的预期目标？若分析后觉得不能，则可以马上调整自己的方向和目标，使课题目标的达成具有可能性。更重要的是，这其中的工作计划可以成为我们日后开展研究工作的准绳。有了开题报告，它可以作为课题研究工作展开时的一种暂时性指导，可以使我们避免出现无从下手的情况；或者是研究一段时间后，觉得有偏差，它也可以作为课题修正时的重要依据。

开题报告主要回答三个问题：研究什么、为什么研究、如何研究，具体撰写版块及撰写要点如表3-1所示：

表3-1　撰写版块及撰写要点

撰写内容	开题报告（重心）
文献研究	在对以往研究进行分析时，特别要说明对本课题已有研究基础和突破口
研究内容	具体说明研究问题
研究假设	具体假设、预期结论
研究方法	说明如何采取这些方法
研究队伍	人员的分工及建立子课题组
研究成果	具体的成果形式
研究时间	研究日程安排
研究经费	每年度支出情况及自筹经费情况

41. 开题报告和研究方案的区别在哪里？

研究方案是对一个教育科研课题研究进行整体的、具体的规划，是课题研究的“施工蓝图”，其重点是对整个研究活动的目标、内容、方法、实施程序和预期效果做出比较详细的设计。要逻辑清晰地回答“为什么研究”“怎样研究”“研究得怎样”三个问题。

开题报告就是在课题立项确定之后，课题负责人在课题立项和调查研究的基础上，撰写的报请上级批准的课题研究计划。开题报告主要用于开题论证，课题立项成功之后，邀请专家对课题研究可行性、研究方向和研究内容进行进一步的论证。它所面对的是论证专家，它的功能是获得对课题研究的支持，开题论证主要是对课题方案进行诊断。开题论证之后，课题组结合专家的意见，对研究计划进行进一步完善，形成研究方案第2.0版。

研究方案和开题报告的区别在于：研究方案是设计蓝图，重在预设；而开题报告则是在已经进行的研究基础上，进一步完善研究的内容、措施而形成的调整报告。

42. 开题报告着重突出什么？

在开题论证会之后，在资料整理、专门讨论的基础上，课题组要进一步修改完善开题论证报告，使之更加完善、科学、可行，并在此基础上确定课题研究的实施方案。开题报告的体例有以下几个部分：

一、问题的提出

二、文献综述

三、核心概念界定

四、课题研究目标和内容

五、研究对象与措施

六、研究方法

七、已进行的研究

八、预期研究成果和成效

九、参考文献

开题报告突出实施及其规划，突出已进行的研究是否得到专家的认可，对专家提出的问题、建议进行辩证吸纳接受，在此基础上推动课题向着正确方向，深入严谨地研究。

43. 如何撰写中期研究报告及相关材料？

课题研究中期要接受上级主管部门的检查、考核，课题组要准备中期研究报告、中期检查表、阶段性成果材料、经费使用表等。

中期研究报告的主要内容包括研究的进展、阶段性成果、存在的问题、今后的设想、经费的使用、附录等几个方面。

研究的进展主要写明自课题实施以来，哪个阶段做了什么事情，做得怎样，如何对课题研究进行推动。阶段性成果是在课题研究某一阶段产生的、成型的研究成果。可以从认识性成果、操作性成果和物化成果等方面来梳理。针对课题研究中的问题进行描述，着手探讨问题存在的原因。今后的设想要根据课题研究存在的问题、今后研究的需要、原有的研究计划来写作。主要是写今后研究的思路、拟采取的问题改进措施或课题研究的推进措施等内容。要详细汇报课题经费的使用情况，写明哪笔钱做了何用途，是否符合课题经费管理要求。附录部分是将研究中的重要佐证材料呈现出来，证明课题研究的过程性和真实性。附录内容可以有调查问卷、调查报告、文献查新报告、形成的案例、个案等材料。

44. 中期研究报告和研究方案的差别是什么？

研究方案是顶层设计的“蓝图”，突出研究的问题和价值。中期研究报告是研究方案具体实施、执行之后的阶段研究报告，重点陈述在研究的进展中采取了什么研究举措，取得了什么样的阶段研究成果和成效，以及这一阶段的研究反思和下一步研究的重点。

45. 中期研究报告和中期工作报告一样吗？

中期研究报告和中期工作报告不一样。中期研究报告主要呈现研究者对研究的阶段反思和提炼，着重体现在阶段研究成果的提炼、阶段成效的表现，以及现阶段存在的问题和对问题的分析和对策，对下一阶段的研究有方向性指引作用。中期工作报告主要呈现研究至今，研究者做了哪些具体的工作、工作的时间安排、工作的具体内容、工作开展的具体情况，侧重反映的是研究的过程性和真实性。

46. 如何撰写结题（研究）报告及相关材料？

结题报告的撰写是课题研究过程中的重要环节。

第一部分：结题报告的框架

一、选题的缘由（背景、意义）

二、理论基础与依据

三、相关概念界定

四、文献综述

五、研究目标与内容

六、研究对象与范围

七、研究方法与过程

八、研究取得的成果，具体分为：认识性成果、操作性成果、物化成果

九、研究效果与影响

参考文献

附件

第二部分：具体写什么

一、选题的缘由

从三个方面来回答：

（1）背景与意义：关注到国际趋势、国家需求、社会热点、典型问题，要研究与课题相关的政策文件。

（2）问题的具体表现：自身基础，具体问题。

（3）问题的归因与分析。

注意，这部分内容与研究方案中的内容大体一致，但不能直接复制粘贴。一方面，研究中对相关内容有修改调整，要用最后修正的内容。另一方面，这部分内容在结题中只是作简介，让评审专家明白缘由就行了，它与研究方案中的重点论述是有区别的。

二、理论基础

与本课题研究有关的教育学、心理学等理论。

三、概念界定

核心概念界定是对课题名称中的一些重要词语的内涵、课题研究所涉及的范围做阐述。只有把握了核心概念，研究的方向才能明确，研究目标和内容才有科学性。

四、文献综述

（一）为什么要做文献综述

1. 明确“已知”

（1）找到相关理论，在理论支撑下，明确本研究假设。

（2）知道别人是怎么做的，做到了哪一步，为本研究提供方法和思路借鉴。

2. 明确“未知”

知道别人什么没做，或者是没做好，得出本研究的创新点。

（二）在哪里查资料

（1）城市数字图书馆。

（2）中国知网、读秀、万方、超星。

（3）查专著、查核心期刊最新发表。

（4）知网研学。

（三）文献综述的写法要点

（1）查新方法和内容，查新位置和结果。

（2）围绕关键词，查新相关理论。

（3）围绕本研究，查新相关实践（国内外、本地、本学科、本学段）。

（4）综述已有研究之不足，明确本研究之创新点。

五、研究目标和内容

（一）研究目标

指本课题的研究方向，是本课题最终所要达到的目标。

1. 研究目标的表述句式（如图3–1）

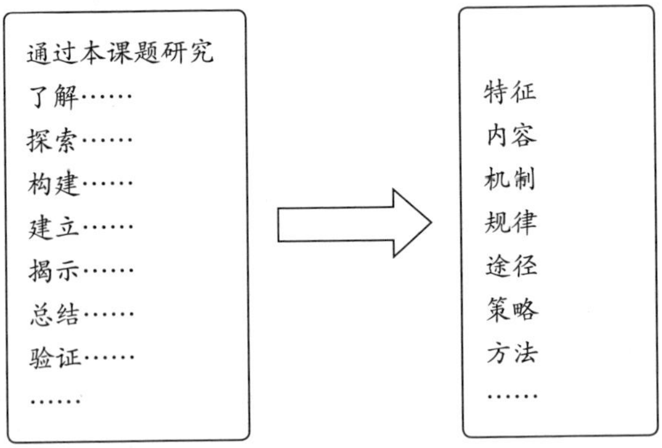

图3–1　研究目标

2. 研究目标的要求

（1）明确：清晰确定。

（2）简洁：每条一两行。

（3）紧扣课题题目。

（4）研究目标与研究成果要保持一致性。

研究目标最终必须要落实到研究成果中去。看一个课题合不合格，能不能顺利结题，就要看所取得的成果是不是达到了预期的研究目标。

（二）研究内容：研究内容是课题研究的着力点

（1）对研究内容的表述应该紧扣研究目标，简明扼要，清晰有条理。

（2）研究内容与研究成果同样有着密切的联系，研究内容的研究结果必须要在研究成果中予以体现。

六、研究对象与范围

把什么作为研究对象。

七、研究方法

课题的研究方法，指的是该项课题在研究时所采用的教育科研方法。

（1）一项课题的研究一般要采用多种研究方法。

（2）中小学常用的科研方法：文献法、调查法、观察法、行动研究法、实验法、个案研究法、经验总结法等。

（3）老师们需结合课题选择3～4种方法，写清楚为什么要用这个方法，在哪些阶段哪些方面用了这个方法，怎么样运用这个方法，要达到什么目的等。

（4）切记：不是对这个研究方法做名词解释。

八、研究过程

研究过程有哪些阶段，每个阶段具体是怎样展开研究的。这个部分需要认真总结归纳，要通过回顾、归纳、提炼，陈述课题研究的主要过程，具体采取了哪些措施、策略方法来展开研究。

可分成以下几个部分：

准备阶段。

实施阶段。

总结阶段。

九、研究成果

课题后期最重要的工作就是总结与提炼研究成果。如果把课题研究比作“攀登珠穆朗玛峰”，那么结题阶段犹如最后的登顶，而对研究成果的总结与提炼，更是登顶前需要经过的非常重要的台阶。对于老师们而言，这是需要经过智慧与心血的打磨，是一个不断概括、提升、螺旋式上升的过程，需要老师们静下心来慢慢梳理。

研究成果是整篇结题报告中最为重要的部分。一个结题报告写得好不好，是否能全面、准确地反映课题研究的基本情况，使课题研究成果具有推广价值，就要看这部分写得如何。

课题的研究成果由三大部分构成：认识性成果、操作性成果、物化成果。

（1）认识性成果就是在课题研究过程中对教育教学规律进行认识和理解，

提出新的教育教学、管理理论；发现教育过程的新事实，提出新观点和新见解，或对原有的事实做出新的解释；在实践基础上，对原有教育科研成果提出新的例证、补充或修正；通过研究，驳斥不正确的认识、主张、观点。回答“是什么”和“为什么”的问题。

（2）操作性成果是桥梁，是为教育工作提供的新方法，或者从实质上改进原有的方法。研究中采用或提炼总结出的有效策略、措施、方法等。回答“怎么做”的问题。

（3）物化成果就是可视化的著作、论文、教学设计、学生作品等，回答“做的结果是什么”的问题，在一项课题中多以表格形式呈现。

特别强调的是，老师们在对课题研究成果进行梳理总结归纳提炼的过程中需要对三类成果进行整体的建构，在撰写结题报告中将三类成果进行有机统一，并用规范严谨的语言进行富有逻辑的表达和呈现。

十、研究的效果与影响

主要是学生、教师、学校的变化，以及产生的社会影响等，分点列述。

47. 课题研究有哪些成果形式？

很多老师在课题结题的过程中，在梳理研究成果时对于“哪些东西才能算研究成果？”“课题研究成果到底有哪些表现形式？”的问题感到非常困惑，我们现在就来讨论一下这个问题。

首先，我们来看一下全国教育科学规划办对课题研究成果的界定。在全国教育科学规划办的课题立项申请书中《填写数据表注意事项》第13条就专门规定了课题成果的主要形式：

★课题研究预期成果：系指公开发表的专著或研究论文。请根据申请的课题类别的成果要求填写。

A. 专著　B. 译著　C. 研究论文　D. 研究报告　E. 工具书　F. 电脑软件　G. 其他

根据全国教育科学规划办的要求，课题研究成果基本就是指论文、专著和研究报告，其他类别可能很难说清楚是否属于课题研究成果。在全规办的结题申请表里面，对课题提交的成果也有明确的规定，即成果主件是指研究总报告和成果公报；成果附件是指专著和已发表的系列研究论文。所以，可以明确地看出来，老师通常认为课题研究成果的编著、教材、各种资料汇编集和没有发表的论文，在高级别课题中是统统不能算作课题研究成果的。

但是，对中小学老师而言，由于每天还有大量的教学教育工作，要写一本专著、发一篇核心期刊文章不是那么容易。因此，针对老师们的实际情况，对其课题成果的要求也会适当降低。课题研究成果主要形式有：论文、专著、研究报告、译著、查新报告、调查报告、实验报告、经验总结报告、教育案例分析、教学课例视频、教育叙事、校本课程实施方案、工具书、正式出版的教材或编著、中小学已出版或未出版的校本教材、教学软件、教学工具、其他成果。

48. 为什么要重视研究成果的表达？

成果的表达有以下作用：

一、有利于促进教师专业发展，强化业务能力

在教学教育成果的表达和培育中，教师需要经历理论学习、科学研究、实践论证、反思改进、交流推广等环节，也需要经历申报课题、调查研究、参与调研、咨询专家等，这一系列过程将全面促进教师教学科研能力的提升，强化其业务表达能力，同时也促进相应成果的物化形式产出。

二、有利于优化学校教育教学，提高育人水平

重视研究成果的表达有助于优化教育教学改革。学校层面的教学成果鲜明地体现了学校的办学理念、办学特色，学校在培育和提炼教学成果的过程中需要针对实际情况，从课程开发、教学组织、资源建设、体制管理等多方面进行综合化考量和研究，深入反思现状、查找问题、研究对策，这将会有利于从整体上优化教育教学，提高育人水平。

49. 研究成果与成效有什么不同？

研究成效和研究成果不一样。简单地说，研究成效是研究成果运用取得的效果。

一、成果与效果的内涵不同

成果是课题研究后形成的思想结果，回答的是变更后的思路和措施，具体说明“研究结果是什么”。效果是课题研究后产生的发展结果，回答的是变革后的绩效问题，具体说明“研究的结果怎么样”。

二、成果与效果的呈现形式不同

成果是理性的，比如形成概念、原理、原则等理论成果；效果是感性的，比如班风校风、社会影响、上级评价等，通常需要通过典型材料事迹加以展示。

三、成果与效果的影响范围不同

由于成果的影响带有一定的理论色彩、规律意义，因此影响的范围较大。效果的影响通常直接表现在研究的局部领域内，影响范围较小。

50. 如何区别研究成果和成效？

教师在撰写研究报告或结题报告时，很容易把研究成果与研究成效混淆。如果把教育研究（或课题研究）比作建筑一座大楼，研究成果类似于这座大楼的设计理念——认识性成果，建筑这座大楼的具体步骤——操作性成果，以及这座大楼本身——物化成果。那研究成效呢，就类似于在建筑这座大楼的过程中，设计师、工程师、建筑工人获得的荣誉、财富、能力提升——对教师和学生的发展；这座大楼给地区发展、城市建设带来的影响——对学校与区域的影响。研究问题如何解决的是成果（如何解决的，背后的原理是什么，发现的规律是什么），解决问题后现实变化是成效（现象的改变）。

因此课题研究本身取得的成就称为研究成果，由这项研究带来的变化称为研究成效。通常研究成果分为：认识性成果（理论成果）、操作性成果（实践成果）、物化成果。研究成效通过图片、案例、数据分析该研究对学生、家长、教师、学校、区域等方面带来的变化和影响。

研究成果和研究成效的常见方式如表3–2：

表3–2　研究成果和研究成效表

<table>
<tr><td rowspan="3">研究成果</td><td>认识性成果</td><td colspan="2">1. 经过验证的假设
2. 关于核心概念的进一步认识
3. 形成的教育主张
4. 总结的一般性原则</td></tr>
<tr><td>操作性成果</td><td colspan="2">总结提炼的方法、策略、模式</td></tr>
<tr><td>物化成果</td><td colspan="2">1. 发表或获奖的论文、专著、案例、课例
2. 形成的资源库、平台、手册等</td></tr>
<tr><td rowspan="5">研究成效</td><td>学生方面</td><td>学业成绩提升、学生素养发展、学习态度改善等</td><td rowspan="5">用图片、案例和数据进行分析说明</td></tr>
<tr><td>家长方面</td><td>提高家长认识、改善家校关系等</td></tr>
<tr><td>教师方面</td><td>激发教师科研兴趣、提升科研能力、形成独特的教学风格等</td></tr>
<tr><td>学校方面</td><td>学校教育理念变革、学校文化建设提升、学校课程建设优化等</td></tr>
<tr><td>区域层面</td><td>促进区域层面的教学变革、课程改革、教师队伍的发展等</td></tr>
</table>

51. 检测报告怎样写？

检测报告，顾名思义就是对课题研究成果和成效进行检测。通过对研究过程性资料和研究结果的梳理，检验其是否达到结题的要求。通常各级课题管理部门会提供检测报告的表格。那如何让检测组对课题研究的过程和结果一目了然、清晰可见呢？

一、内容简洁明了

检测报告就如结题资料的目录大纲。首先，列举结题资料清单，供检测组一一核对查验，以判断研究过程是否翔实（结题资料清单梳理参见24问）其次，提炼重要的研究成果，对认识性成果、操作性成果和物化成果进行提炼总结；最后，概述研究成效，如对教师成长、学生成长、学校教育教学质量提升等方面进行概述。

二、过程科学真实

检测报告要突出研究过程的科学性和真实性，对以下三个方面要如实填写：其一，课题研究的真实情况，如课题研究来源及研究历时、研究实施的范围、研究力量投放情况；其二，研究的主要阶段，突出前期、中期、后期各阶段的研究重点；其三，研究措施和活动，在研究过程中采取的有效措施，开展的重要研究活动。

三、成果强调原创

通常在对课题成果进行评审的时候，还需附一份由第三方权威检测机构提供的查重报告，用于证明课题研究报告的原创性，避免学术不端行为。

检测报告主要反映三个方面的内容：一是研究过程是否真实开展；二是研究方法是否科学规范；三是研究成效是否真实产生。

52. 结题鉴定书如何填写？

结题鉴定书又称为成果鉴定书，由课题主管部门组织专家成员对某一项课题成果进行鉴定。课题研究要想顺利结题或评奖，必须拿到一份亮眼的成果鉴定书。当然，鉴定组的专家越是权威，对该研究领域越有发言权，就越能说明该课题成果的价值。

不同层级课题研究的结题鉴定书，内容有不同，但相同的是需要填写鉴定的成果内容。一般结题鉴定书的前半部分主要由课题组填写，具体填写内容如下：

一、丰富的鉴定成果目录

主要包括研究方案、结题研究报告、工作报告、检测报告及其他物化成果目录（光盘、手册、论文、专著等），并根据成果目录的顺序梳理附件资料。

二、简要的成果说明

对研究报告中的研究成果和研究成效进行提炼总结。此部分内容和检测报告中需要撰写的研究成果和成效有相似之处。但既然是供专家鉴定，那么对成果的梳理更要精益求精，尽量突出认识性成果的理论性、操作性成果的可推广性、研究成效的显著性。

三、成果适用的条件、应用的前景、局限及有待深化的问题

专家通过这一部分的内容可以判断该成果是否具有推广价值和持续研究的价值。通常，学校的课题研究成果适用的条件需要说明该成果适用于哪个区域哪种类型的学校，如城市薄弱学校。应用的前景是指该课题成果在推广应用中所产生的预期效果，例如促进区域层面教育的优质均衡发展。课题局限及有待深化的问题，需要客观阐述课题在应用推广方面存在的局限性，及有待进一步深化研究的问题。例如，由于区域层面学校之间的联动机制不够成熟，推广的力度有所局限，因此在校与校的协同发展方面有待进一步研究。

53. 图表如何运用于报告之中？（怎么用格式、排版、制作工具）

图表在研究报告中能起到直观、形象、一目了然的作用，是一种将对象属性“可视化”的手段。因此能用图的不用文字赘述，能用表格的也无需长篇大论，可谓是“一图胜千言”。在研究报告中经常使用的图包括：数据统计图、思维导图、流程图、结构图、案例图等；表格包括：数据统计表、对比表、评价表、测试表等。

一、图表的作用

在研究报告中有效运用图表，能起到画龙点睛的作用（如表3–3）。

表3–3　图表的作用

研究报告	使用的图表	作用
问题的提出	数据统计图表	基于调查分析数据，让问题的提出具有现实依据
概念界定	对比表格	对于相似的概念通过对比表格分析异同
研究过程	思维导图；流程图	研究思路清晰明了，能从整体上把握研究阶段和研究措施
研究成果	数据统计图表；流程图；思维导图；结构图；自主设计的表格	研究成果部分要对图表进行综合运用，用数据统计图表对认识性成果进行验证，通过结构图、思维导图或流程图对操作性成果进行提炼。通过自主设计的表格对相关论述进行统计
研究成效	数据统计图表；案例图	通过数据统计图表论证研究的效果，通过案例图直观呈现典型研究案例

二、精美的排版

在报告中使用了图表之后，还需要进行精美的排版。在排版中应注意以下几点：使用清晰的图表，不建议截图。插入的图表居中排列。每一份图表都需要标注图题和表题及相应的序号。恰当使用图注或表注，对图表中的必要内容进行补充说明。

三、常用的图表工具

问卷型自动生成的统计图表。

Excel表格录入数据后生成的统计图表。

xmind绘制思维导图。

WPS（会员）或Office系统自带的流程图、结构图和思维导图。

（一）问卷型自动生成统计表图

如表3–4和图3–2所示在对成员的年龄和参加体育联组时间的交叉分析中，5名教师是一年以内参加过体育联组的教研，年龄多在25~30岁。由此可以看出，体育联组成员的年龄比较小，参加联组教研经验不丰富。

表3–4 学前体育联组成员年龄和参加时间调查

X\Y	首次参加	一年以内	2~3年	3年以上	小计
20~25岁	1（33.33%）	2（66.67%）	0（0.00%）	0（0.00%）	3
26~30岁	1（12.5%）	5（62.5%）	2（25%）	0（0.00%）	8
31~35岁	0（0.00%）	1（33.33%）	0（0.00%）	2（66.67%）	3
36~40岁	1（33.33%）	2（66.67%）	0（0.00%）	0（0.00%）	3
41~45岁	0（0.00%）	0（0.00%）	0（0.00%）	0（0.00%）	0
46岁以上	0（0.00%）	0（0.00%）	1（100%）	0（0.00%）	1

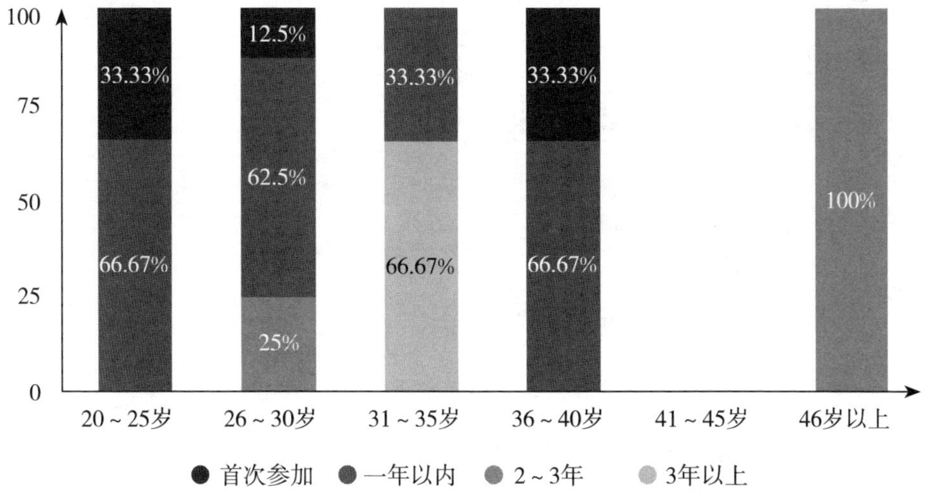

图3–2 学前体育联组成员年龄和参加时间调查

（二）Excel表格录入数据后生成的统计图表

家庭进行生命教育调查结果如图3–3所示，60%左右的家长从未听说过生命教育，听说过生命教育，但是从不贯穿生命教育的家长有35%，仅有5%的家长了解生命教育，并且在引导孩子的过程中贯穿生命教育。

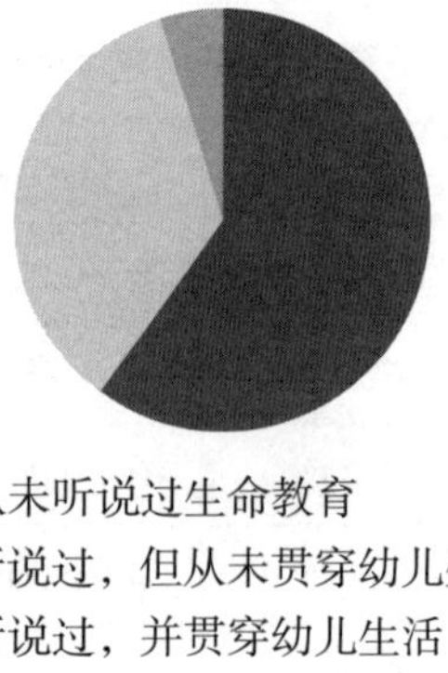

图3-3　幼儿园家庭进行生命教育的现状调查

（三）xmind绘制思维导图

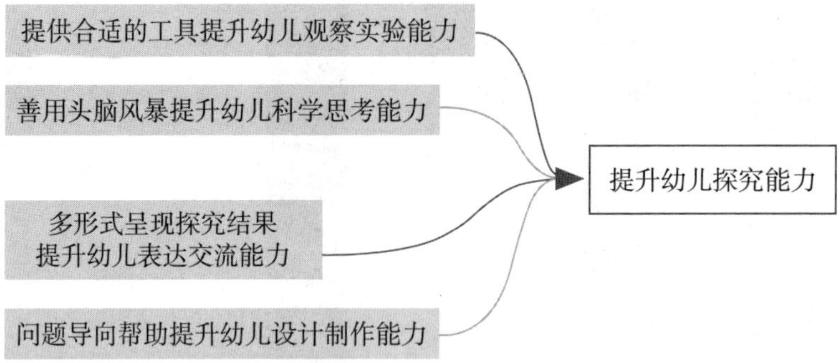

图3-4　结合师生共构主题活动，“四策略”系统提升幼儿探究能力

以“四季的秘密”为核心展开活动，围绕不同季节的秘密，利用自然、材料、环境创设、家长等资源，深入挖掘幼儿兴趣点，使幼儿探究能力的关键经验贯穿于多个系列活动中，每一个季节下面再通过预设—生成活动，针对探究能力中的观察实验能力、科学思考能力、表达交流能力和设计制作能力，通过观察现象、提出问题、做出假设、检验假设、形成结论的探究过程，不断激发幼儿探究的主体意识，在不断解决问题和提出新问题的过程中，提升探究能力。

（四）WPS（会员）或Office系统自带的流程图、结构图和思维导图

图3-5　师幼共建冒险游戏场的过程需遵循构建“三原则”

54. 研究报告中如何使用案例？

如果说图表是研究报告中的经脉，让表述清晰明了，那案例就如研究报告中的血肉，让内容充实丰满。一般认为，案例是指包含有疑难问题和决策行为的教育情境故事，它包括对故事情景的介绍和描述，解决问题的方法和技巧，以及对故事的分析和点评，也就是说，通过讲故事说明道理，“理”是蕴于“案”之理，“案”是有理之案。[①]

案例通常被用于研究成果和研究成效的部分，用案例对研究成果中的某一结论进行分析说明，一方面让结论更具有说服性，另一方面也能增加报告的可读性。在研究成效中运用案例，可以让成效更加生动具体。例如，在研究成效中撰写促进学生发展方面的内容，就可以列举典型学生的成长故事（见案例1）。研究报告中的案例，字体通常用楷体做区分，取一个亮眼的标题，点明案例内容或揭示主题。

① 祝庆东. 教师如何做“小课题”［M］. 上海：华东师大出版社，2019：176.

案例1：

文化促成长　课程育儿童

余××原本是一个性格内向的孩子，自2017年至今，在馆校共构课程中，她的成长令所有人欣慰。余××因为馆校课程认识了博物馆里一名优秀的讲解员姐姐，便立下了“我也要当一名小小讲解员”的志向，为此她十分努力，成为讲解员之后，她更加热爱中国传统文化，成了一名传统文化的传播者。她参与博物馆策划的为偏远山区捐书、“人日唱和”等公益活动，积极投身到文化传承之中。

余××在2018年的端午节活动中作为代表在中央广播电视台国际频道直播节目向全世界朋友介绍博物馆。而今的余××已经是学校里颇负盛名的传统文化小使者了，她开始研究中国汉字，还开设了“××讲字”个人小讲堂，不仅在班级里讲，还到其他班、其他年级讲，为更多的同学传播传统文化。

55. 基础报告（查新报告、调查报告）如何整合在研究报告中?

课题组开题的时候准备的查新报告，在前期、中期、后期形成的相关调查报告，结题时候的工作报告，这么多报告仅仅用于结题资料的支撑吗？当然不是，这些基础报告可以被有效整合到研究报告中，成为重要的内容素材。在整合的过程中应注意以下三点：

一、切勿直接搬用

查新报告、调查报告、工作报告切勿全文复制粘贴到研究报告中，研究报告字数有限，直接搬用基础报告会显得整篇研究报告内容累赘，反而使重点不突出。

二、提炼报告结论

查新报告要适当进行提炼，注意在整合查新报告到文献综述的内容时，需要重点突出核心观点和结论。前期的调查报告结论可以结合数据分析被整合到问题提出部分。前期、中期、后期对比研究的相关调查结论，可以被整合到研究成果或研究成效部分，用于说明研究的有效性。工作报告虽然是大事记的记录形式，但也是研究过程、研究措施的重要内容，梳理大事记中的关键事件和同类型研究活动，并将其提炼为研究措施。

三、适时补充附录

问卷的题目和每一道题目的统计数据一般不会全部用于研究报告的正文中，但是可以把相关问卷的题目和统计数据用作报告附录，从而充实研究报告的内容。

第四章

教育科研的方法操作

华东师范大学刘良华教授将教育研究方法分为实践研究、思辨研究和实证研究。对一般教育实践工作者来说，需要将部分非学术的实践研究转化为科学的、有理论视角的实证研究。这就需要教师了解和掌握教育研究的一些基本方法。本篇中所列的方法是基于实际操作的具体方法，务求有用、实用，在严谨性上可能就无法兼顾。

刘良华教授还说，教育研究方法“不可教”“不可说”，但它“可以学”。因此本篇在简述了方法的内涵之后，不仅呈现了使用该方法的优秀案例，还附上了笔者自己运用该方法的过程和感受，意在请读者进入案例情境揣摩，再回到自己的真实情境学习运用。

56. 教育科研有哪些常用方法?

教育科研的方法是指研究者对教育现象、问题进行研究，以探求教育内部各要素之间和其他事物之间的关系，以及教育的质与量之间的变化和规律所采用的方法。

一般来说，中小学教育科研常采用的方法主要有文献研究法、调查研究法、实验研究法、个案研究法和行动研究法等。同一研究课题往往会交叉采用几种不同的方法，在研究过程中要视具体情况进行灵活处理。

第一节　文献法

57. 什么是文献？

什么叫作文献？所谓文献，就是以书籍、实物、声像材料，以及软件、光碟、网络等为载体，记录下来用于保存和传递信息的各种资料。我们中小学常用的文献，主要有档案、相关文件、工作记录、汇报总结、统计数据、报刊、书籍、各种声像资料，以及数量巨大、更新迅捷的网络资料等。

58. 什么是文献综述法？

什么叫文献综述法？

文献综述是“一种在分析、比较、整理、归纳一定时空范围内有关特定课题研究的全部或大部分情报的基础上，简明地类述其中的最重要部分，并标引出处的情报研究报告”。从另一角度看，文献综述法是“对某一领域某一方面的课题、问题或研究专题搜集大量情报资料，分析综合当前该课题、问题或研究专题的最新进展、学术见解和建议，从而揭示有关问题的新动态、新趋势、新水平、新原理和新技术等等，为后续研究寻找出发点、立足点和突破点”。

综上观点，文献综述法就是在对大量的文献进行阅读、选择、比较、分类、分析和综合的基础上，研究者用自己的语言对某一问题的研究状况进行综合叙述，它是情报研究的成果。

59. 文献综述法的根本特点是什么?

一、内容具有综合性

包含两方面的含义：一方面，文献综述首先表现出对大量文献的综合描述。必须将每一篇需要综述的原始文献置于上下文里，并用某一方面的知识对其进行分析和综合。另一方面，它综述广泛时空范围内的发展情况，既有纵向描述，又有横向覆盖。

二、语言具有概括性

文献综述对原始文献中的各类理论、观点、方法的叙述不是简单地照抄或摘录，而是在理解原文的基础上，用简洁、精练的语言将其概括出来。文献综述不同于文摘，不是将原文献的中心内容摘录出来，也不同于节录，不必完全按照原文节选下来。

三、信息具有浓缩性

文献综述集中反映一定时期内一批文献的内容，浓缩了大量信息。一篇综述可以反映几十至上百篇的原始文献，信息密度大。

四、评述具有客观性

一方面叙述和列举的各种理论、观点、方法、技术及数据要客观，必须如实地反映原文献的内容，不得随意歪曲，或是断章取义，不顾上下文，同时还要避免因理解不同而出现的误解；另一方面，在分析、比较、评论各种理论、观点、方法时，要有一种客观的态度，应基于客观进行分析、评价，不能出于个人的喜好、倾向对其进行评论，更不能出于个人的感情对其有意偏袒或攻击。

60. 文献综述法有哪些分类？常用的有哪些？

可以从四个不同的角度对文献综述进行划分：按照综述的服务对象划分，可分为决策性综述、研究性综述和普及性综述；按照综述报道的时空范围划分，可分为纵向综述和横向综述；按照综述文献报道的对象划分，可分为学科综述、文献综述和会议综述、专题综述等。最常见的方法是按照文献综述信息含量的不同，将文献综述分为叙述性综述、评论性综述和专题研究报告三类。

61. 如何在教育教学工作中使用文献综述法？

文献综述在教育科研中应该如何运用呢？本书将用两个案例呈现文献综述的具体操作方法。

案例1：综合提炼和分析评论

“‘问题—探索—交流’小学数学教学模式的研究”案例缩写

我在网上浏览了数百种教学模式，下载了二百余篇有关教学模式的文章，研读了五十余篇。概括起来，我国的课堂教学模式可分三类：

（1）传统教学模式——“教师中心论”。这类教学模式的主要理论……，它的优点是……，它的缺陷是……

（2）现代教学模式——“学生中心论”。这类教学模式的主要理论依据是……，它的优点是……，它的缺陷是……

（3）优势互补教学模式——“主导—主体论”。这类教学模式是以……，“主导—主体论”教学模式体现了……，但在教学实践中还没有……

以教师为中心的传统小学数学教学模式可表述为……，这种教学模式无疑束缚了……，当今较为先进的……，这种教学模式力求重视……，但这……，为此，我们提出“‘问题—探索—交流’小学数学教学模式研究”课题。①

① 蓝妙香.“问题—探索—交流”小学数学教学模式的研究［J］.社会科学，2017（3）.

【案例剖析】

从本案例可以看出，文献综述不是对已有文献的重复、罗列和一般性介绍，而是进行了综合提炼和分析评论。它先描述对相关研究领域的全面、系统的了解，再综合提炼出三种观点，“教师中心论”“学生中心论”“主导—主体论”，并分别对这三种观点以往研究的优点、不足和贡献进行批判性分析与评论，从而确定该研究的价值、方向。

案例2：从国外、国内两个角度写

“农村中学学生自学方法研究”案例缩写

在中国知网和万方数据库查阅了“农村中学学生自学方法”的相关研究，下载了六十余篇有关“农村中学学生自学方法”的文章，研读了三十余篇。现从国内、国外两个角度进行综述：

1. 国内的研究状况

我国古代就非常重视自学方法的研究，有……，我国现代教育家叶圣陶……，中国科学院心理研究所卢仲衡同志首先提出……，这种方法的主要优点在于……，魏书生……

2. 国外的研究现状

国外的自学方法很多。美国心理学家斯金纳提出程序学习法……，程序学习法使学习变得相对容易，有利于学生自学。美国心理学家桑代克所创设的试误学习法……，它主要解决学习中的问题。还有超级学习法，查、问、读、记、复习法、暗示法等。

以上国内外的研究经验为我们的课题研究提供了宝贵的经验。①

【案例剖析】

在确定具体的研究课题之前，通过查阅大量文献资料，了解国内、国外有关研究情况；分别列举了国内外有代表性的专家、学者关于自学方法方面的论述和做法，并对部分内容的优点进行了概述；进而通过比较、分析研究内容，确定研究范围，以便更好地驾驭和把握课题。

① 黄华俐. 农村中学学生自学方法研究［J］. 课程教育研究，2017（3）.

62. 如何用文献综述法撰写论文或报告？

案例：克雷斯威尔的“五步文献综述法”

“基于核心素养的小学生全科阅读精准支持策略研究”案例缩写

第一步：明确查新维度。本研究的文献综述涉及三个部分，分别是……

第二步：综述自变量。本课题的自变量是……，搜索了……

第三步：综述因变量。本课题因变量是小学生核心素养，以“小学生核心素养”为主题词，索引到……

第四步：综述自变量与因变量的关系。索引……，没有找到文献，于是就找与主题相近的部分和更上位的……，陈雅（2018年）指出……

第五步：评述，指出我们为什么要做更多的研究。通过对文献梳理，可以看到，核心素养下的全科阅读已经成为……，但是目前大部分的阅读仍然是分散的，主要停留在语文学科，很少涉及真正的全科性的阅读，而且……，尤其是……，是一片空白。因此，“基于核心素养的小学生全科阅读精准支持策略研究”具有极强的理论价值和实践意义。

【案例剖析】

该课题运用了克雷斯威尔的五步文献综述法，分别是：明确查新维度、综述自变量、综述因变量、综述自变量与因变量的关系、评述。其中，第1～3步不难，难的是第4步，自变量与因变量关系的综述。要突破这个难点，一是要多读文献，阅读量要足够；二是要全方位、多角度进行深入分析。

我用文献综述法

在教育科研中，我最先尝到甜头的是用克雷斯威尔的“五步文献综述法”。以2022年6月结题的市级课题“基于核心素养的小学生全科阅读精准支持策略研究”为例，谈谈本课题是如何运用五步文献综述法的。

第一步：明确查新维度。本研究的文献综述涉及三个部分，分别是小学生核心素养的相关研究、全科阅读能力及其策略的研究、全科阅读能力与核心素养的关系的研究。

第二步：综述自变量。本课题的自变量是全科阅读能力及其策略，于是就以“全科阅读能力及其策略的研究”作为主题词，在中国知网上搜索到13篇。筛选后，以下四位的观点最具代表性：整体策略方面，夏月红认为……，刘丽颖（2018）也认为……，西南大学的肖林（2017）在硕士论文中指出……；具体策略方面，南京师范大学的陈婷（2017）通过个案研究，提出了……，陈玉国（2018）提出……

第三步：综述因变量。本课题因变量是小学生核心素养，以“小学生核心素养”为主题词，索引到七千多篇。从众多文献中按时间由近到远、下载量由多到少、由专著到期刊等原则，从中挑选了30篇。

读摘要、引言、结论，从中选出与课题契合度最高的文章10篇。对其进一步筛选、分类，整理出三种观点：当前小学生核心素养主要是培养学生的健全人格，培养学生学习基本的知识，锻炼学生解决问题的能力……；中国学生核心素养包括三大领域、六种素养、十八个要点……；核心素养渗透教育主要分为“提出”“研制”“整合”“渗透”和“深化发展”五个阶段……

第四步：综述自变量与因变量的关系。索引“核心素养与小学生全科阅读”，没有找到文献，于是就找与主题相近的部分和更上位的层面与主题相关的研究，“核心素养与阅读教学关系”“核心素养的实践策略”，索引到6篇。陈雅（2018年）、宋雅丽（2021年）、陈红文（2021年）指出……，王世军（2021年）、王晓芸、吴健（2020年）指出……

第五步：评述，指出我们为什么要做更多的研究。通过对文献梳理，可以看到，核心素养下的全科阅读已经成为……，但是目前大部分的阅读仍然是分散的、主要停留在语文学科，很少涉及真正的全科性的阅读，而且……，尤其是……，是一片空白。因此，“基于核心素养的小学生全科阅读精准支持策略研究”具有极强的理论价值和实践意义。

（陈先容）

第二节　调查法

63. 什么是调查研究法?

调查研究是研究者在科学方法论和教育理论指导下，围绕一定的教育问题，通过运用观察、列表、问卷、访谈、个案研究以及测验等科学方式，有目的、有计划、系统地搜集有关教育问题或教育现状的资料，从而获取关于教育现象的科学事实，对教育现象作出科学的认识，分析并提出具体工作建议的一种研究方法。调查研究法是教育教学研究中最基本的、最常用的一种研究方法。它是为了达到设想的目的，制订某一计划，全面或比较全面地收集研究对象的某一方面情况的各种材料，并对其作出分析、综合，得到某一结论的研究方法。

64. 调查研究法的根本特点是什么?

调查研究既可以调查教育现状，比如学生学完一个知识点后，调查学生的掌握情况，又可以调查人的教育理念、态度、观点、认识等问题，比如新课标的落地，教师在教学中是否体现了新课标的理念，也可以进行教育的比较，如农村教育和城市教育差异的调查研究。总之，调查研究在教育研究中具有应用广泛、自然可靠、实施方便、出成果快的特点，成为教育科学研究中一种效益较高、发挥特殊而重要作用的研究方法。

65. 调查研究法有哪些分类? 常用的有哪些?

按照调查的手段来分，调查研究可以分为问卷调查、访谈调查、观察调查。访谈调查通过与被调查对象进行面对面的交流，了解情况，访谈调查分为个别访谈和集体访谈，无论哪一种形式都是根据实际情况进行自由交谈；电话调查通过电话向被调查者进行问询，了解所需情况。最常用的方法是问卷调查，以书面提问的方式收集资料，然后作定量和定性的研究分析，归纳出调查结论。观察调查是通过感官或借助一定的科学仪器，在一定时间内有目的、有计划地考察和描述研究对象，在个案研究中，使用观察调查的较多。

66. 如何做课题相关的调查设计？

调查研究在教育科研中应该如何运用呢？本书将用三个案例呈现调查研究的具体操作方法。

案例1：访谈调查法

案例呈现："小学高年级立体图形学习存在的问题与原因分析"

在小学高段立体图形的教学中，学生在解决问题时容易出现各种错误。为了全面了解学生的难点和疑点，调查者对五年级和六年级的老师展开了访谈调查，其主要原因是五六年级教材有大量的立体图形知识，教师熟悉教材和学生，对教的过程和作业批改的过程中存在的问题比较清楚。调查者设计了两个问题：在执教立体图形的过程中，学生存在的问题有哪些？追问：举出一个典型的实例进行说明。从教师的反馈中发现，问题分别是：拼接问题——拼接前后表面积的变化问题；对排水法解决不规则物体的体积——想象不出变化前后的关系；立体图形的展开与折叠——想象不出来，无法将平面和立体进行对应。

【案例剖析】

此案例采用的是访谈法，调查者通过与高年级的数学教师进行面对面访谈，快速收集学生在立体图形板块学习中的问题，第一个问题很直接，可以让访谈者快速说出与调查有关的内容，但还不够具体，又通过追问，让调查内容更详细。做任何事情必有其目的，因此在访谈之前，要根据目的设计访谈的内容，再根据内容确定访谈对象。在以上案例中，调查者只设计了两个问题，这样做容易使收集的资料内容表面化。

案例2：问卷调查法

案例呈现："小学生几何图形折叠与展开困难的原因分析与对策研究"

从教师的教和学生的学两方面调查"小学生几何图形折叠与展开"学习中的困难和原因。

学生问卷设计了9个选择题，主要调查学生在操作、想象、语言、画图方面是否存在困难。六年级164名学生利用问卷星完成问卷。利用问卷星统计分析工具，对问题进行进一步分析和确定。

教师问卷以选择题的方式调查教学过程和方法指导。在问卷题目的设计方面，教师通过假设回顾课前、课中、课后环节，分析这些教学方法是否会直接影响学生的几何图形的学习。例如：是否安排学生准备学具？在讲解前是否准备教具？是否会给予方法的指导？通过对长期执教高年级的32位数学老师进行问卷调查，发现教师对学具的要求不严格，在教学展开时没有给学生提供动态直观的展开过程和对展开方法的讲解，忽视了对学生的折叠与展开想象方法的指导和训练。

【案例剖析】

本案例突出了问卷调查的设计思路，从学生的学和教师的教两方面找出存在的困难和产生的原因。在学生的问卷设计方面，围绕图形的展开与折叠，从操作、想象、语言、画图方面设计问题，可见问题的设置具有全面性和真实性。在教师教的方面，重点调查了教的过程和方法中的问题。在问卷星工具的帮助下，快速统计问卷结果，直观反馈问题的原因，更好帮助问题的分析和解决。

案例3：观察调查法

案例呈现："基于行为观察法的儿童行为与城市社区公园关联性研究"

为了观察和统计儿童在杭州劝学公园和杭州无界公园的景观空间的玩耍行为，研究者采用行为观察的方法，借助CAD及Photoshop软件对其进行图示化记录，对停留5秒以上的不同类型儿童行为，用不同的符号进行标注，同一类型的行为用同一符号表示，对行为的先后顺序用阿拉伯数字进行标注，同时录入指定区域发生儿童行为的类型、年龄、性别等个人信息，确保观察和统计的详细和精准。

本次调研时间为2019年11月9日7：00—19：00，选取的时间为杭州秋季的休息日的一整天，气温和天气都适宜儿童在户外活动。由于儿童的年龄不同，其活动区域会有所不同，因此本次调研以具有一定户外活动能力的儿童为调研对象，将儿童定义为0～14岁未成年人，最终发现劝学公园共观察了96位儿童的1409次行为，无界公园共观察了88位儿童的1265次行为。通过对杭州劝学公园与杭州无界公园的行为观察与图示化记录，发现两者的分布范围比较类似，两者聚焦程度整体比较高，局部偏低。劝学公园呈现分散式特征，聚焦程度较低；无界公园呈现集中式特征，聚焦程度较高。

【案例剖析】

此案例采用的是观察研究法，通过调研两个案例城市社区公园，达到分析案例城市社区公园空间的目的。在观察之前，观察者设计了行为符号图，罗列了13种行为，这些行为符号图将人们可能出现的情况全部包含其中，为精准记录做好了铺垫。同时在此案例中，注重时间和观察辅助设备的统一，确保观察的顺利进行。

67. 如何撰写调查报告？

调查研究报告，就是在调查研究的基础上，及时反映某个事件或某一方面的情况所获得的研究成果的文章。

案例4：

“农村小学语文教师教育写作现状与需求的调查研究”

调查者通过对广西河池市146名小学语文教师的调查发现，教师的教育写作存在写作内容相对狭窄、写作动因趋于功利、写作积累不够厚实、写作发表数量较少、写作素养不高等现状，有教学论文写作指导、增加图书资料等需求。可通过创建教师书屋，践行教育阅读；开展专题培训，参与案例研讨；创办教学简报，搭建发表平台；建立“S–U”合作，引领实践升华等途径丰富教师写作体验，提高其写作水平，实现农村小学语文教师的专业发展。

——案例来源：公众号“小课题研究”调查报告

【案例剖析】

首先写清楚调查的动因和方式，也就是为什么要调查，用怎样的方式来进行调查。然后调查结果的分析，包括教师的基本情况和教师写作的常态分析，即写作内容相对狭窄、写作动因趋于功利、写作发表数量较少、发表刊物级别不高、写作积累不够厚实、写作素养不高等，最后结合调查研究的结论提出建议。一般的调查报告应包括以下几个方面的内容：

（1）引言，该部分应简要讲明本次调查研究的目的和意义，说明为什么要进行这次调查，它的实际意义和理论意义是什么，哪些问题还待解决等。

（2）方法与步骤，包括本次调查涉及的范围、典型的选择、调查对象分类原则及调查的时间和地点。如调查中采用了问卷，还应将其附于调查报告之后。

（3）材料分析，在各自不同的角度和层次围绕主题展开调查，用材料来证明观点，并以观点来统帅材料。

（4）总结，包括结论、预测、建议。结论是对本次调查所研究的现象的状况、结构、特征、原因、相互联系作出明确扼要的判定。预测是根据调查结果对本课题的发展进行估计；建议是对调查中发现的一些问题提出建设性意见。

我用观察法

学校二年级有一位被天使亲吻的孩子，刚刚出生就出现了听力障碍，至于什么原因，家长说产检也没有任何异常。这个被天使亲吻的孩子名叫小希，为了更好地帮助小希成长，让她拥有良好的性格和优异的成绩。今年四月份，我和学校的专业特教教师一起开展了对小希的课堂观察活动。

每个月我们都会不定时进课堂两次。从两个方面进行重点观察，分别是任课教师在教学中对小希的关注，以及课堂上小希的学习状态。进课堂之前，我们先进行课堂观察记录表的设计，包括聚焦的人物在教室的位置，教师的教学活动环节，教师的教学方式等。并提前设计不同标记符号，比如：主动问问题A，主动回答问题B，与同桌进行谈论#，与小组进行谈论%。在一节课的四十分钟里，记录被观察者对哪些教学内容感兴趣，以及在互动环节中被观察者的语言表述能力怎么样，能不能听清楚同伴的发言，并做出正确的反馈。最后根据课堂上的不同时间的不同记录进行分析，并根据分析给予被观察者有针对性的帮助。

确定观察者的目的和对象——把观察的内容具体化——制作观察计划——做好观察记录——分析观察结果，这其实就是观察研究法的研究流程。观察研究法是中小学教育科学研究中广泛运用的一种方法，比如：要了解教师的教学方法对学生学习效果的影响，就可以通过课堂观察了解教师的教学情况。

（杜蓉）

我用调查研究法

我是一位转岗教师，从信息技术转为小学数学。作为一名数学教师，由于对教材的整体把握还不够，在平时的教学中，内心总是充满各种担心：担心知识点没有教透彻；担心学生没有掌握基本方法；担心解题方法不够简洁等等问题。而针对这些问题，我以往的做法是针对性编一些题，让学生在规定时间内完成，最后通过批改统计，判断学生的学习掌握情况。这样的考察方式虽然说起来轻松，但对于执教五年级双班数学的我来说，118份答卷需要批阅和统计，这是一个大工程，而且还容易出错。

两年前，在一次校外培训学习中，培训老师介绍了一个工具，一下子就解决了这一困难，这个工具就是问卷星。我就以在培训中我做的小课题“小学五年级数学图形教学中学生数形结合思想培养的策略研究”为例，谈一谈我是如何使用这一工具的。在培训会上，培训老师要我们写出教学中的困惑，而且是急需解决的问题，并以此开展调查研究。我当时的困惑是“学生不喜欢用数形结合的方式解决五年级图形知识问题”，班上有多少学生喜欢？在利用数形结合的过程中哪里有障碍？这些问题都是我想要快速解决的。我先在文档中梳理出想要调查的问题，包含对数形结合的理解、图形知识做题习惯、图形知识的难点、易错点等方面，共设计了10个问题；梳理出问题和相应的参考选项后，将文档导入问卷星生成问卷；然后将产生的二维码或相应的链接转发给指定的学生；学生便可以针对问卷的内容进行回答，回答完毕后系统后台自动生成统计结果和详细数据。

在以前，想要完成这样的调查统计需要两天时间，而在问卷星工具的帮助下，很快就可以完成。数据也十分精准，这大大提高了工作的效率。

其实，无论是在教育教学工作中，还是在平常的生活中，调查研究法的应用都十分广泛，比如我们想调查全校学生最喜欢的老师，也可以采用问卷的方式发给学生，学生利用几分钟完成后，我们就可以根据统计的结果进行数据的分析。这样的方法简便易行，也没有严格的条件控制要求，在较短时间内可以做更大范围的调查。同时，在调查中可以不要求被调查者写出自己的名字，让调查者在问卷的填写中没有任何顾虑，问卷更具有真实性！

（杜蓉）

第三节　个案法

68. 什么是个案研究法？

彭克明、马国全等主编的《社会科学大辞典》中提道：“个案研究法”是指把研究调查对象（个案）看作一个整体，就某个社会现象或某种社会问题对其进行深入调查研究，以求解释现象，探明原因，从而提出明确的社会诊断或解决方案的研究方法。王海山、王续琨主编的《科学方法辞典》中指出：“个案研究法”是把研究对象看作一个整体，给予详细描述与分析的一种研究方法。个案研究的单位可以是个人，也可以是社会群体或团体组织。加里·托马斯在《如何进行个案研究》一书中也提到：个案研究的对象具有完整性和独特性，是特定的，而非一般的。综上所述，我们可知个案研究法是对一个人、一群人、某一集体、某一机构、某一事件，或某一种具体行为、某一现象等进行深入调查、详细描述与分析的一种研究方法。

69. 个案研究法的根本特点是什么？

个案研究最为显著的特点是完整、深入地观察并记录研究对象在某一方面的独特性及其发生的变化。“个案研究法”的研究对象既可以是一个人、一群人、某一集体、某一机构，也可以是某一事件、某一种具体行为、某一现象等，其研究对象固定、焦点集中。“个案研究”还具有方法多样的特点，在进行个案研究的过程中，可能会综合运用到诸如调查法、观察法、行动研究法等多种研究方法。此外，“个案研究法”的研究内容十分深入，需要关注到研究个案的独特性和完整性，需要对个案进行长期的、跟踪式的研究，并且在研究过程中，会根据研究个案的具体问题不断进行研究方案的调整，具有很强的灵活性。与之易混淆的是“案例研究法”，案例研究是针对某一教育问题，形成假设、收集数据、分析原因、获得启示的过程，而个案研究的结果仅仅服务于该研究中的研究对象，不具有普适性和通用性。

70. 个案研究法有哪些分类？常用的有哪些？

个案研究包括探索性个案、证伪性个案和外推性个案研究三大类，不同的个案可以满足不同的研究需求。

探究性个案研究的目的是为了揭示样本本身，通过对这一特定对象的深入研究，获得比较深刻的理解，或者获得新的知识，只不过这种理解和知识还处于初步、不确定、试探性状态。探究性个案的价值在于，通过对个案的深入研究，从而获得新的知识。

证伪性个案研究的目的和价值在于研究者通过个案研究，或者修正原有的理论，或者限定原有理论的适用性范围，或者推翻原有理论，提出一个更具有普遍解释力的新理论。

外推性个案研究的目的和价值则在于，通过对某个个案资料进行分析，然后采用归纳逻辑，总结出一般结论或理论。

71. 如何在教育教学工作中使用个案研究法？

个案研究记录表——便捷记录、便于分析

案例1：

表4–1　学生个案研究记录表

学生基本情况	杨X，11岁，男，小学四年级学生，爱好玩各种手机游戏，上网
学生现状分析	该生一至三年级在农村，四年级被父母接到身边，父母管教方式过于极端，导致该生性格叛逆散漫，沉迷于网络，经常半夜溜出去上网，该生的优点是观察能力和动手能力较强
学生家庭情况	杨X的父母来自常德农村，家庭经济状况不是很好，父母曾经卖过菜，后来开粉店，文化水平不高，每天忙于生计，没有时间好好管教孩子

续 表

研究措施	两条路径：在学校，通过君子协定，约定上课不影响课堂纪律，帮助该生树立规则意识；通过“备忘录”的方式和qq线上教学的方式，辅导该生学习；通过让该生参与班级活动，如：班级队角、图书角、卫生角的设计，以及小制作小发明比赛，并在学校校园网站展示他的作品，使其有展示才华的空间与机会。在家庭，每天将孩子在校的表现发给家长，让家长了解他的一举一动，形成良好的家校间互动。同时建议父母从早上给孩子做一顿早饭，晚上喝一杯牛奶等小事着手，关心孩子的生活、学习，融洽家庭气氛，让孩子感受到家人的爱意	
教师跟踪研究	课题研究前期表现	课题研究后期表现
	学生表现：孩子从偏僻落后的农村来到繁华的市区，没有伙伴，没有朋友，亲人也没有给予其足够的关心，帮助他适应上海的生活与学习环境，孤独使孩子身上的其他不足日益明显，缺乏足够的集体感，我行我素。在与其父母交流中，我了解到杨X的成绩以前就经常“大红灯笼高高挂”，父母是“恨铁不成钢”。同时，杨X号称“公物杀手”，不爱护公物，玩心重，自由散漫，对所有的事情都无所谓，是属于自毁前程的一类同学。优点是喜欢动手，生活能力强	学生表现：经过一个年度的教育后，杨X在校有了较明显的进步：上课听课效率提高，积极发言；君子协定、备忘录执行情况良好。责任感增强，班上的事情能够热心参与，而且还主动帮助老师做一些力所能及的事情。家长反映杨X在家也听话了，不到处乱跑，能帮父母做事。通过老师、家长和杨X自己的努力，他的行为习惯有了很大的改观，学习成绩也进步了
评价结果	C	B
备注	评价结果分为A、B、C、D四个等级。评价标准请结合《未成年人思想道德建设测评体系》《小学生一日行为常规》《朝阳小学文明礼仪常规》	

【案例剖析】

该案例是一份学生个案研究记录表，该表从学生现状表现、家庭情况等方面对学生主要问题进行了阐述，并详细记录了教师跟踪研究的过程及措施，根据学生具体情况采取了易于执行、有针对性的措施，使学生在各方面发生了转变，最后通过等级评定对比学生的变化，反映学生现阶段整体表现情况。

但该表对于学生行为表现的成因分析还有所欠缺，需要深挖学生行为背后的原因，才能更好地对症下药。

个案研究结果对比——突出不同，凸显变化

案例2：（节选“研究结果”部分）

目前，大多数关于教师专业发展的研究主要是从研究者的角度、制度等方面探寻促进教师专业成长的因素，很少有研究从教师的角度关注教师通过自身努力产生的积极变化。因此，本研究选择一位拥有10年教龄的青年教师徐老师以及她用两种不同方法设计并执教的两节课为研究对象，刻画一位青年教师学习运用问题提出教学法进行教学的整个心路历程。

研究通过对两节课的三大环节的对比，使徐老师充分感受到在课堂上使用“问题提出”教学法的特点和优势。在此基础上观察并记录了徐老师的变化：从一开始对于新教学方法的不适应和对自己能否良好运用“问题提出”教学法的自我怀疑到后来树立了挑战自我、尝试新方法的勇气，从单打独斗到寻求合作伙伴和团队成员的帮助，学习并掌握了问题提出的方法，从按部就班、毫无新意的讲授型教学转变为不断尝试、修正问题的新颖的教学设计。徐老师在自我成长的同时也获得了学生及其他教师们的一致认可。①

【案例剖析】

此研究中采用的个案研究法，研究对象明确，其特点是进行了对比，通过对比徐老师用两种教学法执教“用字母表示稍复杂的数量关系”的教学活动和教学结果，为我们提供了数学教师学习使用“问题提出”教学法的个案范本。

研究者在研究过程中充分利用观察法、谈话法、调查法、行动研究法等方法，对研究对象进行深入剖析。在此基础上对其进行梳理和反思，充分阐述了被研究者的前后变化，也总结出了数学教师使用“问题提出”的教学法区别于传统讲授式课堂的特点与优势。

个案研究设计落实——明晰要点，突破难点

案例3：（节选“研究设计与方法”部分）

本项研究从教师的课程决策入手，分析小学数学课程实施的特点以及影响课程实施的因素。本研究中的难点在于如何更具体地了解实施过程中教师的想法和做法，同时能更好地反映城市和农村的不同情况，进而总结课程实施的

① 陈婷，徐红，徐冉冉，等. 数学教师学习使用“问题提出”教学法的个案研究——以“用字母表示稍复杂的数量关系”为例［J］. 数学教育学报，2019，28（2）：7-12.

特征。

为了突破这一研究难点，研究者在城市和农村各选择了两所学校，并从这四所学校中，确定28位教师作为具体考察对象，在每所学校的实地研究时间为3~4个星期，主要采用三种搜集资料的方法，即访谈、观察和查阅文件资料。根据研究目的，事先准备了访谈和观察提纲，以访谈和观察提纲为线索，对学校和教师进行深入的考察。除此之外，也了解学校的情况，并参加学校和年级组与教学有关的活动，如学校的专题讲座、年级组的集体备课等活动。对28位教师的课都要听1~3节，对每位教师都进行了课前和课后的访谈，每次访谈时间为30~60分钟。所有的听课和访谈都录了音，并将这些录音资料整理成文字，以便分析。查阅文件资料主要包括了解教师的教案、备课记录、作业、学校教学规章制度等。①

【案例剖析】

该个案研究在研究设计与方法版块做到了翔实、清晰。首先根据本研究的目的和特征，确定了研究的方法是个案研究法，然后根据研究所需，选取具有代表性和对比性的研究对象，并具体开展研究，从而实现研究难点的突破。

在研究设计的阐述上，讲清楚个案研究中采用的多种研究方法，以及每种方法的详细操作时间与操作过程，使得该研究具有更高的可操作性和可借鉴性。

72. 如何用个案研究法撰写论文或报告？

一份个案报告通常包括个案基本情况、个案主要问题及原因分析、干预过程和措施、干预效果。因此，在开展个案研究时，要用观察法、谈话法、问卷法等确定问题性质和严重程度，再用文献法、实验法、行动研究法等确定解决问题的方法，最后用调查法等对比得出问题解决的程度。

一个由于幼年时期药物导致听力障碍的后进生，其智力并无问题，更多源于自幼被忽略而缺乏自信，规则意识不强，养成许多不良习惯。那么其典型

① 马云鹏. 小学数学课程实施的个案研究［J］. 课程・教材・教法，2000（4）：2-10.

问题就是心理和行为问题，需要用到心理学上的“行为治疗”方法。在此过程中，教师要至少安排一个学期的干预；在方法上，教师要学习行为疗法的理论和具体操作方法，并做好3～6个月的规划，如重建师生、生生关系，正向行为强化（代币法——记录并奖励课堂回答，作业完成等），自我行为监控与讨论（从每周一次到每月一次）等。最后，教师需通过观察、测评等手段对个案行为改善情况进行展示和总结。

从上可知，个案法的重点在个案前后的变化，以及变化之所以发生的过程与措施的设计和呈现。不论是前期的方案，还是后期的报告，都必须把教师干预的关键举措写细致。同时还要注意，问题一定要聚焦，比如上面个案的成效主要集中在良好行为习惯的养成上，而非学习成绩上。

此外，因为个案研究法通常采用观察、面谈、收集文件证据、描述统计、测验、问卷、图片、影片或录像资料等方法进行研究，所以这些材料都可以作为个案研究的物化材料。

需要注意的是，个案研究法可成为教师小课题的一种主要研究方法，最后形成个案研究报告；而在大课题中，则更多是研究成效的一种呈现形式。

我用个案研究法

个案研究法的研究对象既可以是一个人、一群人、某一集体、某一机构，也可以是某一事件、某一种具体行为、某一现象等。其特点是观察记录研究对象在某一方面发生的变化。我主研小课题《利用“混合式学习”模式提升一年级学生数学深度学习能力的实践研究》，就可以看作是以我所教的两个班学生为群体作为个案进行的研究。

我主要从以下几个步骤开展个案研究：

1. 明确问题，确定对象

一年级学生处于“幼小衔接”的特殊时期，处于儿童“直觉行动思维向具体形象思维发展”的过渡期，我所任教的一年级两个班的学生，在面对有挑战性的数学问题时，不能积极应对也难以独立解决，学生的深度学习能力普遍较弱。如何提高一年级学生深度学习的能力呢？我感到有必要对这个问题进行研究。

2. 明确研究点，开展调查，分析成因

深度学习的定义是：在教师引领下，学生围绕具有挑战性的学习主题，全身心积极参与、体验成功、获得发展的有意义的学习过程。

我对家长进行了问卷调查。同时，我采用观察法，观察各层次学生在课上课下的表现，梳理出了影响我校一年级学生数学深度学习能力的因素，发现数学活动的趣味性、挑战性、合作性是主要影响因素。

3. 学习文献，确定策略，实施行动

我通过查阅文献了解现有相关研究中的方法策略，结合学生实情，我采用线上线下“混合式学习”模式，从“数学游戏我会做”——趣味性、“西西数学神算手”——挑战性、“我是数学小讲师”——合作性、“数学绘本读与画”——综合性四个版块推进研究。

4. 观察实效，发现变化

研究过程中，我持续运用观察法追踪学生情况，做好相应的拍照记录。同时，我持续发布有挑战性的学习任务，并给予其正向反馈。研究结束时，学生深度学习意愿明显提高，能主动探索解决问题的方法了。

在以上个案研究法中，我运用了观察法、问卷法等确定问题性质和严重程度，用文献法、行动研究法等确定解决了问题的方法，用观察法了解问题解决的程度。

（高文静）

第四节　案例法

73. 什么是案例研究法?

毛泽东认为“解剖麻雀”就是案例研究法，即通过对一个单一个体进行深入、全面的研究，来取得对一般性状况或普遍经验的认识。美籍华人学者应国瑞在《案例研究：设计与方法》中提出：“案例研究是探索难以从所处情景中分离出来的现象时所采用的研究方法。”综合上述学者对案例研究法的定义，笔者认为，案例研究是指综合运用历史数据、档案资料、访谈、观察等多种收集数据和资料的技术手段，对某一背景下的特定社会单元（个人或团体组织）中发生的典型事件或行为的背景、过程进行系统的、综合的描述和分析，呈现事物的真实面貌和丰富背景，从而在此基础上进行分析、解释、判断、评价或者预测的一种研究方法。

74. 案例研究法的根本特点是什么？

在众多的研究方法中，对案例研究和个案研究的界定是最易混淆的。有部分学者认为案例研究法也叫个案研究法，有的学者认为案例研究法与个案研究法属于两种不同的研究方法。在研究对象上，个案研究的对象具有单一性和典型性的特点，案例研究的对象具有多样性和普遍性；在研究目的上，个案研究一般是用个案印证（验证）道理或结论，案例研究是用案例来得出道理或结论；在研究内容上，个案研究的内容更全面，案例研究的内容更聚焦，问题指向更明显。案例研究法也不等同于举例说明，因为案例研究是一套完整的研究方法，而举例是一种随机性的论述策略。

案例研究法具有整体性、综合性、研究内容的深入性三个根本特点。整体性指研究对象无论是否是“个人、群体或现象”，都必须视为一个整体，整体内各要素之间相互依赖，其中一个发生变化，其他的元素也都将随之变化。综合性指案例研究中，收集资料的手段是多样的，研究方法是综合的。研究内容的深入性指研究者亲临现场，全方位、长时间接触研究对象，围绕某一研究问题收集研究对象尽可能详尽的资料。

75. 如何在教育教学工作中使用案例研究法？

每种研究方法都有其使用的特殊情景和目的，案例研究法使用的情景就是：

（1）研究的问题难以从情景中分离出来。

（2）研究的目的主要是探求问题的“原因”，并不需要对研究对象进行操控。

（3）现在就需要解决研究对象所表现出来的问题。

因此，案例研究法一般包含五个步骤：确定研究问题性质、确定研究设计、开展走访调查、收集整理资料、分析资料并形成报告。

一、确定研究问题性质

如：在我刚工作的那段时间，我校出现了学生辍学率高这一现象，降低学生流失率成了我们教学工作的一个重要组成部分。而学生流失的原因是多方面的，有来自家庭的、学校的、社会的等等，因此为探究流失率高的原因，我确定了案例研究法。

二、形成研究设计

在明确研究问题后，针对研究问题形成了研究设计：研究对象、调研方法（问卷调查、走访等）、资料的收集、整理相关资料并进行分析、评测（重点关注具有典型性的个案）、形成结论、撰写报告。

三、开展调查、走访工作

我采用目的性抽样，选择了上一届中途辍学的学生和现在班上有辍学想法的学生。通过电话、QQ、家访、座谈等方式，对学生及其家长、科任教师、同学进行了开放式访谈、非正式交谈和观察。

四、收集整理资料

在访谈、问卷、座谈的过程中，遵循自愿参与、保护隐私、平等尊重的原则，如实做好相关资料的记录和收集，其中以访谈记录为主。

五、分析资料，形成报告

通过研究，我发现我校高中生辍学的原因有很多，相对比较集中的原因有如下几种：一是从社会学的角度看，超过80%的辍学学生都属于留守学生，父母长期在外打工，孩子由（外）祖父、（外）祖母等监管。隔代监管会出现责任心不够、精力欠缺、方法错误等诸多问题，导致学生放任自己、钻空子、叛逆等问题，一旦问题集中爆发，辍学就是必然的结果。二是从心理学角度看，留守或单亲家庭的孩子性格相对孤僻、敏感，在学校与同学之间的关系不好，易产生孤独感，因此在学校一旦与好朋友产生矛盾或有失恋情况出现，就会产生辍学的想法。进入高中后，不习惯学校住宿制的管理，在学习上找不到成就感，常将手机作为精神寄托。因此，当遭遇一些挫折或者手机被老师保管后，也会产生辍学的想法。三是从教育学的角度看，一些学生学习习惯差，初中甚至小学学业“欠账”太多，而学校又过于重视学科成绩，在综合素质方面对其重视不够，没有为学生搭建多样化的学习与展示舞台，同时部分教师在教育教学的过程中，不太关注学生心理，教学方式简单粗暴，进而导致师生冲突。时间久了，学生便滋生了辍学的念头。

基于这样的研究报告，针对这些原因，我建议学校：①努力向家长宣传家庭教育的重要性。②重视并开展对学生心理问题的测查。③重视并开展各类活动。

我在教育教学工作中，注重在细节上让学生感受到老师诚挚的爱，在教学内容上降低教学难度，注重高中知识与初中知识的衔接，尽可能让学生在学习上找到成就感。语文教学和班会主题教育中也注意对学生人生观、价值观的塑造，培养学生健康的心理。通过这一系列的改进措施，我明显感觉班上的班风、学风好了很多，学生的学习习惯变好，师生之间的关系也明显比过去更融洽了。

古人说后世不忘前世之师，案例研究能有助于我们对教学中一些典型现象的解释、判断和研究，也能为我们解决教育教学中遇到的问题，提供理论或事实依据。

76. 如何用案例研究法撰写论文或报告？

一、问题的提出——案例研究主题的确定

案例研究的问题提出往往是以一些典型事件或行为为背景。

案例1：

2015年9月到2016年5月，我在北京一所随班就读小学开展某项研究工作，当时，有一件事情引起我的注意：有一次，我坐在自闭症学生旁边听讲，课后老师对我说“他上课经常发出滋滋嘶嘶的声音，特别干扰我”，我很吃惊，因

为我觉得声音很小，对我不构成干扰。随后，我注意到不同教师对同一位自闭症学生问题行为的感受和态度，有明显的差异：有些教师对学生的问题行为显得很抗拒，认为它们严重影响了自己的教学；有些教师认为这些问题行为对教学有一定影响，但还可以忍受；个别教师认为这些问题行为对教学没有影响。为什么不同教师对同一位学生的问题行为有如此不同的看法?

根据随班就读教师专业素养影响因素的相关研究成果，我试图采用“教师教龄”“教师接受特殊教育相关培训”“教师接触自闭症学生”等可能会影响教师看法的因素，来解释产生差异的原因，但答案并不令人满意。比如：我假设教龄长、接触过自闭症学生的教师能更好地应对学生的问题行为，但事实并非如此。在寻求答案过程中，“教师认知”研究进入我的视野。教师认知会影响教师对学生行为的知觉、判断和决策，支配教师采取相应的教学行为，进而对课堂教学效果产生重大影响。本研究试图从教师认知的视角，尝试说明教师对自闭症学生的课堂问题行为产生不同感知和理解的现象。

【案例评析】

案例中，研究者在一次工作中了解到，一老师在课后反映自闭症孩子在上课时发出滋滋嘶嘶的声音干扰到了自己，而经走访发现其他老师对这一现象有不同的感受和态度。因此，研究者开始思考为什么不同教师对同一位学生的问题行为有如此不同的看法？产生疑问后，研究者尝试用“教师教龄”“教师接受特殊教育相关培训”“教师接触自闭症学生”等可能影响教师看法的因素来解释这种现象，结果发现答案并不令人满意。最终，研究者确定了从“教师认知”的角度来研究教师对自闭症学生的课堂问题行为产生不同感知和理解的现象。

问题的提出往往是源自我们在教育教学中所发现的一些典型现象、事件或行为，然后经过初步的调查研究，最终确定解决此问题的研究思路。

二、研究方法——案例研究真实性的基本保障

案例研究的研究方法包含四个环节：研究设计、研究对象、材料收集、数据分析。案例类型从案例的来源分为描述型、例证型、解释型、实践型、探索型；从案例的数量分为单一性案例和综合性案例；从材料收集的来源看，案例研究过程中的资料一般来自文献、档案记录、访谈、直接观察、参与性观察、

实物。在数据分析方面主要有四种模式：类型比对、建立解释、时间序列分析、程序逻辑模式。

案例2：

本研究意在了解教师对学生课堂问题行为的感受和评价，试图探索造成不同感受和评价的原因，此外，该研究不试图控制研究对象，而是要调查真实情境中教师的真实感受和想法，这符合案例研究法的应用条件。为了更好了解不同学校背景下，教师认知是否有一致性，本研究采取了多案例设计模式，先后在两所随班就读学校开展研究。多案例研究设计模式遵循案例间的“复制逻辑”来验证所获得的研究结果，即通过一个案例获得的重要发现，要在第二个甚至更多的案例上进行检验。

在学校1选择了7名熟悉学生的教师，在学校2选择了6名熟悉学生的教师（情况见表2-1）。除这13名教师外，对学校1的5名教师和学校2的3名教师进行过访谈。

数据主要来源于访谈资料。在访谈形式方面，以非正式访谈为主。在访谈内容方面，根据已有研究结果，对直接开展自闭症学生教学的教师，主要围绕三个主题进行调查：一是学生的问题行为对教师情绪的影响；二是教师认为学生出现问题行为的原因；三是教师如何思考自己的课堂行为。对于没有直接开展教学的校领导或资源教师，访谈主题不变，但从两个层面来问：一是问他们对于授课教师的情绪、应对方式的看法及产生看法的原因；二是问如果他们是教师本人，将会有什么反应。除了访谈外，我在课堂上对教师和学生进行直接观察，并记录。记录不是为了统计学生和教师行为出现的次数，而是详细描述学生出现问题行为时教师的反应，包括教师的表情、语言、动作。

本研究采用案例研究中的归纳法进行数据分析，归纳出推测性命题。将收集到的所有数据，按照教师知识、教师信念、教师决策三个维度进行归类，每个维度下不预设推测性命题。

【案例评析】

为能收集到更真实、准确的案例数据，保证研究结果的科学真实性，研究者采用了多案例研究的方法。在资料收集过程中，研究者先采用了正式访谈的方式，但是在访谈的过程中，发现了正式访谈的问题，因此及时修正了自己的访谈形式，并辅以直接观察。收集完资料后，研究者先将自己收集的资料进行分类归纳，然后按照学校分别从三个维度建立解释，最后将两所学校中占三分之一以上的推测解释作为自己的结论。因此，在资料收集的过程中，我们要结合实际采用恰当的收集方式。在访谈内容上，要针对不同的研究对象，确定不同的访谈内容，力争使自己的资料更加全面。在进行数据分析的时候，合理使用工具，并进行科学有效的分类整理，依据自己的研究需要对数据进行比对，最终得到调查结果。

三、研究结果——案例研究的成果

案例研究的目的就是通过对典型现象背景、过程的分析，最终找到产生这一现象的原因。因此，研究结果是我们案例研究最重要的成果。但是在对研究结果进行分析的时候，我们需要用前人研究得出的某种理论、规律、论断来和自己的研究进行相互印证，这样既可以充实材料，扩大理论的适用面，又可以用特例、反例指出前人理论的不足、漏洞，甚至推翻已有理论，创建自己的观点。

案例3：

对于随班就读教师而言，具备什么样的知识和技能才能胜任教学？本研究的观点和已有研究有所不同。在以往研究中，人们通常强调教师要具备特殊教育知识和技能，这样有助于其接纳残疾学生。可能研究者认为，随班就读教师具备较高水平的普通教育素养的重要性是不言而喻的，因此没有明确提出教师应该具备普通教育知识和技能。但这可能使部分随班就读相关工作者误以为随班就读教师掌握特殊教育知识和技能，更为重要。本研究结果显示，在现阶段，与教师掌握的特殊教育知识和技能相比，教师具备的普通教育教学知识和技能，可能更加影响他们对学生问题行为的感知，进而影响他们对残疾学生的接纳程度。这一研究结果提示，未来在培养随班就读教师时，要强调“两条腿走路”，在培训教师具备特殊教育知识和技能的时候，不能忽视教师普通教育专业素质的提高。

……

总体而言，本研究获得的5个推测性命题，很难完全分开。在一些教师的教学行为中，以及教师对教学行为的感受、评价中，能发现这几个命题同时在她们身上得到了体现。本研究未进一步分析这几个命题孰重孰轻，也不试图分析命题之间可能存在的因果关系，只是希冀通过呈现命题本身，一方面尝试描述、探寻教师对自闭症学生问题行为的认知产生差异的现象；另一方面引导研究者、教师对未曾注意或者曾经注意，但未深入思考的命题进行关注。本研究提出的命题，只涉及教师认知研究领域中的一小部分。随着案例逐渐丰富，可能会发现更多议题。在学校1、学校2获得的研究结论，可以成为未来研究的基点。

【案例分析】

研究者经过对研究结果的分析，得出结论："与教师掌握的特殊教育知识和技能相比，教师具备的普通教育教学知识和技能，可能更加影响他们对学生问题行为的感知，进而影响他们对残疾学生的接纳。"通过讨论，研究者也对本研究的继续开展提出了设想。因此，在讨论中，我们不仅要阐明研究的结果，还要对研究的不足或后续延伸进行说明。

我用案例研究法

案例研究法是教育科研中广泛使用的一种研究方法。案例研究与个案研究最大的区别就在于案例研究偏重于对事（现象）的研究，而个案研究偏重于对人的研究。

我曾用案例研究法对我校辍学现象进行了研究。我任教的学校属于农村普通高中，2012年以前，学生的辍学率均非常高，有时到高三后，学生辍学率高达50%以上，这给班主任极大的压力。

为展开问题研究，我初步制定了一个研究设计：

第一，明确问题、制定研究设计。明确研究的问题；针对性、选择性地进行调查、走访，并收集相关资料（包含调查走访的对象及相关问题等）；整理相关资料，并进行分析、评测（重点关注具有典型性的个案）；形成结论、撰写报告。

第二，开展调查、走访工作。我采用目的性抽样的方法，选择了上一届中途辍学的学生和现在班上有辍学想法的学生。通过电话、QQ、家访、座谈等方式，对学生及其家长、科任教师、同学进行了开放式访谈、非正式交谈和观察。

第三，收集整理资料。在访谈、问卷调查、座谈的过程中采用自愿参与、保护隐私、平等尊重的原则，如实做好相关资料的记录和收集工作，其中以访谈记录为主。

第四，分析资料，形成报告。

（周燕）

第五节 课例研究法

77. 课例研究法是什么？

课例研究（lesson study）源于19世纪70年代兴起于日本的“授业研究”，作为一种基于课例（research lesson），集教师合作、反思、教学改进于一体的教师专业发展途径，大致涵盖可循环的三个步骤：

（1）教师团队研究课程，需要围绕学生学习、教学方法等讨论教学实践有待提高之处，确定课例的研究问题，针对问题进行集体备课。

（2）团队中一名教师进行第一次授课，其他教师进行课堂观察，课后围绕课堂教学访谈学生，收集学生的反馈。

（3）基于观察和访谈数据，教师团队再次集中讨论，反思如何改进教学、促进学生学习（Akiba & Wilkinson，2016）。Peter Dudley（2015）主编的《课例研究：我们时代的专业学习》（《Lesson Study：Professional Learning for Our Time》）一书从全球视角介绍了课例研究在日本、东亚、美国和欧洲不同文化环境中实施的经验，提供了课例研究促进学生、教师、学校发展的依据。国内学者安桂清在所著的《课例研究》一书中指出“课例研究”是对日语合成词“jugyokenkyu”的意译，即“课的研究”。主要是指教师系统的合作研究课堂中的教与学行为，从而改善教师的教学经验和学生的学习经验的综合过程。课例研究法是教师课堂研究的一种重要方法。

78. 课例研究法的根本特点是什么?

课例研究具有以下的基本特征：一是具有问题性。课例研究注重解决真实课堂教学中产生的问题，这样的问题不是现成的、等待去证实的理论。二是具有过程性。课例研究从研究问题的确立到实施是一个系统的过程，是理论与实践不断提升的过程。三是具有合作性。课例研究为教师之间、教师与专家之间的合作、交流搭建了互助平台，从而建立了新型的同事关系。四是具有反思性。课例研究是一个研究再研究、不断完善的过程，不但参与课例研究的实验教师需要反思自己的教学过程，而且教学决策小组中的其他成员也需要积极反思、对比。五是具有科学性。课例研究的思维方式注重演绎、归纳与假设。以科学研究为基本途径来解决教师在教学中遇到的现实问题。六是具有教师主体性。课例研究充分发挥了教师的主体作用，在这一过程中，教师是亲历者、学习者、实践者，更是研究者。

课例研究与案例研究虽然都以问题（主题）为起点，但由于案例研究与课例研究在研究范畴和内涵上的差异，二者在研究过程及研究终点上亦有所不同。案例研究是针对某一教育问题，形成假设、收集数据、分析原因、获得启示的过程，课例研究聚焦的则是对具体学科内容的课堂教学问题，进行反复研究、上课、反思、提高的过程。

79. 课例研究法有哪些分类? 常用的有哪些?

课例研究大体上可以划分为探查问题型、探究认知型、探索方案型以及样例示范型等。课例可能是经过选择的某一节课，也可能是若干节课的某些片段。研究活动的主体是教师或研究人员；研究活动的内容通常是分析解剖教学内容及其处理、教学过程及其方法、教学成效及其得失、可以肯定的成功之处以及应该避免的失误、教训等等；比较深入地研究，找出经验教训，直至形成新的理性认识。广义地看，课例研究也包括为检验、完善、推广某些教育教学理论和假说而进行的“××理论实践研究”之类的应用研究。通常对课例的研究可能是专题性的，试图获得对某些具体问题的认识，也可能不限于专题。

80. 如何在教育教学工作中使用课例研究法？

一、问题聚焦——课例研究主题的确定

案例1：

一位英语教师有感于课堂教学语言的重要性，试图以“课堂教学言语分析”作为课例研究的主题。与研究小组进行讨论时，有小组成员提到课堂教学言语根据教学需要和作用的不同，有开课语、提问语、过渡语、评价语、结课语、讲析语、描述语、解说语、高潮语、点拨语、辅导语等类别。他意识到这一主题涉及的范围太大。又通过观看和反思自己的课堂教学录像，他认识到自己对学生的评价语言过于单调乏味，经常使用的就是“Good/Very good/Excellent...”。最后，他把自己的研究聚焦于“课堂教学中教师评价语言的多样化”。①

【案例评析】

本案例中，初期教师的选题过于宽泛，没有聚焦问题，因此对教师教学行为的改进无甚价值。经过研究小组讨论和反观自身问题，该教师把课例研究的主题，从“教学语言”聚焦到“评价语言”。这样一来，课例研究的主题既有现实针对性，又能从理性角度提高认识。

二、合作设计教案——课例研究的基石

案例2：

在一次主题是“乘法的初步认识”的课例研究中，教师希望先让学生解决某个计算问题来引入乘法的概念，题目非常简单：小朋友们去苹果园摘苹果，明明摘了2个，红红摘了2个，亮亮也摘了2个，那么这3个小朋友一共摘了几个苹果。在研讨时，有教师说，当他设计类似的题目让学生回答时，有的学生并不会像教师期望的那样用“2×3=6”的算式来计算，而是用“2+2+2”的方式计算，而且学生认为这样做绝不会出错。这一问题提醒大家，必须改变教案设

① 安桂清.“教师如何做课例研究”之一：课例研究主题的确立［J］. 人民教育，2010（21）.

计来实现教学目标。经过讨论，研究小组一致认为，原先设计的题目未能体现出乘法相对于加法的优越性，但是这道题用于引入还是可以的，只不过当学生认为用加法就可计算时，教师需要提出新的问题，如“又来了9个小朋友，他们每人也摘了2个苹果，现在大家一共摘了多少个苹果”。更为复杂的情境，就可以把学生引导到对乘法的探究上来。①

【案例评析】

教案的合作设计实现了教师群体资源的优势互补和资源共享，让每一个参与者收获更多的思想和方法。研究小组可以从几个方面来交流自己的看法：以往的教学经验，特别是各自初上这堂课时有哪些困难与乐趣，学生的表现如何；当前班级学生的基本情况；可采用的教科书及其他教材；等等。教案的合作设计有助于上课教师丰富自己对教学的理解，恰当地调整自己的最初设想。

三、工具促进问题发现——教学改进的前提

案例3：

执教《小蝌蚪找妈妈》一课时，观课教师的教案观察表记录了这样一个片段。学生问道：“小蝌蚪为什么先长出后腿？”任课教师一愣，显然没有意识到学生会问这样的问题，于是他来不及思索就回答道：“这是由它的生长规律决定的。”在课后研讨时，教师们开始反思，任课教师对这一问题的应对是否恰当。经过讨论，大家认为，如果只是简单地把答案引向现代科学的自然秩序，那么很有可能会阻断学生继续探索的热情和动力。如何才能使学生保持对问题持续的、鲜活的兴趣？机智的教育者此时可以坦诚自己的无知，引导学生自己查阅相关资料，也可以抛回问题“你们觉得是为什么”引导学生思考、讨论，还可以联系生活，启发学生“养蝌蚪观察一下”，等等。②

【案例评析】

课堂观察是课例研究的中心环节，该环节提供反映教学效果的证据，是对

① 安桂清，桑雪洁.“教师如何做课例研究”之二：教案的合作设计［J］.人民教育，2010（22）：51-54.

② 安桂清，沈晓敏.“教师如何做课例研究”之三：课堂观察工具的开发［J］.人民教育，2010（23）：46-48.

教学进行反思和重新规划的基础。本案例中使用的工具“教案观察表”是在复线型教案的基础上开发的。在复线型教案“教学活动设计”与“预期行为”两栏内容之外，该表专门设置了“非预期行为”来观察记录学生的非预期行为及教师的非预期应对方式，“提升空间”则是基于对非预期行为的分析提出的对课堂教学改进的建议。课例研究的观察表还有一个重要作用，就是把教学研讨的重心从单一的“怎样教”，转变为“学生的学习状况和教师对学生的应对方式”。课例研究重心的转移不仅可以提高教师对学生的认识，还可以提升教师的教学机智和丰富教学策略。

81. 如何用课例研究法撰写论文或报告？

课例研究报告通常由研究背景、研究的过程与发现、课堂观察及检测结果分析以及形成的共识与结论等部分构成。课例研究报告首先要真实，文中的观点应该是研究团队内心认同的。课例研究不是再现课堂教学实录，而是针对每节课出现的问题进行研究改进的过程，因此在报告中要通过对教学效果进行总结来反映教学改进的情况，比如在该轮教学实践中出现了哪些问题，需要对教学设计做出哪些修改等。课例研究报告要有成果与结论，它们可以是列举解决课例研究中问题的有效策略和具体方法，以及后续研究跟进措施与要求。这样能够为他人提供直接的参考和借鉴，具有一定的推广价值。

以《中小学英语教师课例研究》一书中“人物传记类文本的问题设计研究——以新标准英语三起六下Module 7 Unit 1为例”这一研究报告为例，以下为课例研究报告提纲。

人物传记类文本的问题设计研究

——以新标准英语三起六下Module 7 Unit 1为例

一、研究主题与内容

（一）文献综述

1. 关于问题链的设计

2. 关于思维导图

3. 所选择的课例

二、教学规划与方案

（一）学情分析

（略）

（二）方案设计

1. 具体的教学流程

2. 具体的教学方式

三、教学过程与观察

（一）第一次课堂观察的结果

1. 对课型的定位不够准确

2. 对问题设计的理解还停留在表面

3. 思维导图尚未与文本体裁保持高度一致

（二）针对第一次课堂观察提出的建议

1. 解读问题是基础

2. 问题设计是关键

3. 思维导图是灵魂

（三）第二次课堂观察的变化

1. 问题设计方面

2. 思维培养方面

四、教学成效与分析

（一）两次课堂观察学生的表现对比

（二）两次课堂观察教师的反思对比

（三）两次课堂观察教学效果的对比

五、本研究的发现与启示

（一）人物传记类文本问题设计的基本策略

1. 充分解读文本

2. 设计问题思路

3. 建构成问题链

（二）人物传记类文本问题设计的内涵

1. 思维导图体现问题设计的内涵

2. 思维导图帮助问题设计体现思维

3. 思维导图有助理解评价过程

——案例来源：《中小学英语教师课例研究》2019：36-47.

我用课例研究法

2017年，我有幸参加了“成都市未来名师（中小学英语）培养项目”。在此次培训中，我了解到了“课例研究”主要是指教师系统的合作研究课堂中的教与学行为，从而改善教师的教学经验和学生的学习经验的综合过程。

本次学习，研究导师带领我们11位教师采用“以课例为载体的主题研修”模式，讨论确定了“（小学英语）人物传记类文本的问题设计”研究主题。我们从问题链的设计和思维导图的作用两个维度开展研究，并对其进行了较为精细的分工：一位教师承担上课任务，两位教师负责前测、后测及课后访谈，两位教师参与摄像，并负责课堂文字转录。其余六位教师在观课时，分为两个观察组：一为学生学习观察组，重点观察学生学习、准备、倾听、回答、互动、参与情况；一为教师教学观察组，重点观察教师教学环节、指导、提问、组织、资源（思维导图应用）。

以往参与课堂观察的工具仅限于一个听课笔记本、一支笔，听完课后只是三言两语地就课论课，潦草结束。但此次不同，我们设计了观察表，从教师教学环节、指导、提问、组织、资源（思维导图应用）维度对课堂教学进行描述和数量的记录。比如在横向的切割上，我们组把“多媒体应用”细分为图片、音频、课文讲解三个方面；把“教材应用”细分为朗读、讲解两个方面；把板书细分为问题和拓展两个方面；把讲述分为课文、提问两个方面。在纵向的切割上，将从时间统计和教师行为上观察教师资源的分配，将从课堂听课人数和学生情况来记录学生对教师资源使用的反应（效果）。

在研究过程中，我们对观课、议课进行了三次探索，并分组梳理课例研究的过程，撰写课例研修体会，并在大组汇报。大组集中研讨时，我们对三次课堂观察中的学生的表现对比、教师的反思对比、教学效果的对比进行比较。最后，研究导师带领我们对课例研究全程记录材料进行再分析，思考、提炼出观点与结论，形成课例研究报告。

（黄晓璐）

第六节　经验总结法

82. 什么是经验总结法？

经验总结法是最常用、最基本的教育科研方法。国内不少学者对此做过研究。李秉德：“经验总结法，是在不受控制的自然形态下，依据教育实践所提供的事实，分析概括教育现象，使之上升到理论高度的一种普遍采用的有效方法。”杨小微：“一般来说，教育经验总结可以分为描述性总结和解释性总结两个层次。描述性总结是具体地陈述当时是怎么想、怎么做、有何成效等一系列事实，一般带有个人观点，尚处在感性认识水平。解释性总结是指除陈述事实外，还深入到‘为什么这样做’的层次，揭示其原因、理由，乃至总结性地提炼出蕴含其中的思想主题，如教育观、教学观、基本思路等等。后一层次的总结一定要借助理论钻研或理论工作者的帮助才能完成。”祝庆东在所著的《教师如何做“小课题”》一书中指出“经验总结法”，就是教师对教育教学实践活动进行回溯性的研究，将感性认识上升到理性认识，从局部“经验”发掘其普遍意义，探求事物发展规律的活动。综上所述，我们认为“经验总结法”是指：研究者在真实的教育实践活动中，以来自教育实践的经验事实为素材，综合运用多种方法，对这些材料进行分析、概括，揭示其内在联系和规律，从而实现由感性认识到理性认识的转化的一种研究方法。本质上说是一种“回头看”研究，一种追因研究。

83. 经验总结法的根本特点是什么?

一、实践性

经验总结的过程是离不开实践的。研究者必须深入教育教学第一线，调查、访问、观察、思考，亲自参与实践过程，以获得丰富的感性材料，并在此基础上通过经验总结而建立起科学的理论。教育实践是经验总结的物质基础，经验总结是教育实践的理论升华。

二、追溯性

教育经验总结其实就是对取得经验的教育教学的分析和反思，是在已有结果中追溯原因，在回溯教育过程中，探寻规律，并对其进行高度归纳和概括，形成普遍性的结论。其研究方法和研究过程都是“回头看”，实践在前，总结在后。所以前期拥有的实践材料的典型性、全面性和综合性就极其重要，直接影响和决定着总结的有效性和结论的科学性。

三、实用性

实用性的特点主要体现在两方面：一是方法的经济实用；二是方法的价值所在。从经验总结法的研究条件、技术要求、操作程序、研究环境等方面看，经验总结法都体现出较强的可接受性和可操作性。

四、综合性

综合运用多种教育研究方法，是教育经验总结法的又一根本特征。在搜集经验资料、资料分析和理论提升、结果验证等过程中，调查法、观察法、文献法、实验法等都在经验总结的不同阶段和相关研究中得到了运用，多种方法的交互运用才能完成教育经验的总结。可以说，教育经验总结法就是在教育实践活动时，对经验展开多种方法的综合运用。

84. 经验总结法有哪些分类？常用的有哪些？

对于经验总结的分类，可以从不同角度进行划分：根据社会化程度，分为个人经验总结和群体经验总结；根据经验对象的性质，分为先进经验总结、一般经验总结和反面经验总结；根据不同的理论层次，分为初级层次的具体经验总结、中级层次的一般经验总结和高层次的科学经验总结；根据总结的范围，可以分为专题性经验总结和一般性经验总结；根据经验总结方式，可以分为描述性总结和解释性总结。

85. 如何在教育教学工作中使用经验总结法？

行动研究在教育科研中应该如何运用呢？经验总结法的一般步骤如下：

一、善于观察，发现经验

教师要善于从自己平时教育教学实践中，对一些成绩比较突出的、效果比较显著的教育现象与事实加以关注，比如这个班的课堂纪律为什么那么好？不守规矩、处处调皮捣蛋的学生为什么变得友善上进？师生交流怎样有效化解学生矛盾，取得良好效果？诸如此类的问题都值得老师们总结，要善于从中发现问题，去粗取精，发现学生的闪光点。

二、主题导向，串联经验

以主题为导向，串联整个教育实践中的教育活动，要对教育实践中存在的问题、教学方法的实际成效、教育经验的适用范围等方面进行全面考察和分析，发现有价值的教育经验，并结合开展研究的目的、任务和要求等，来确定经验总结的主题。

三、积累事实，论证经验

总结经验要以具体事实为基础。首先是对教育活动中的文字材料（计划、教案、讲稿、教学实录、试卷、学生作业、教师论文等）、声像资料（录音、录像、照片等）、现场记录（访谈记录、调查会记录、座谈会记录等）进行全面收集和积累。积累事实材料是开展总结研究的准备和前提，所以尽可能要全面、丰富和翔实。其次，对材料进行筛选和梳理。具体来说，就是根据总结主题和经验核心，对积累的事实材料通过分门别类、排列组合、横向比较、纵向关联等方式和方法，去粗取精地严格审查和分析鉴别，选择那些新颖恰当、充分必要的证实经验和有效的可行性事实材料。通过筛选和分析，使原始材料呈现出结构性、层次性和系列性的特点，形成一个丰满、科学、有序的整体材料，以供研究所用。

四、分析综合，提升经验

经验总结法和教师一般的工作总结不同，需要去探求规律。教师以教育经验事实为基础，以教育思想理论为指导，经过筛选、分析等研究过程，在众多事实材料中进行思维的深层加工，实现由朴素的经验上升到规律性的认识。

五、请教专家，完善经验

在此基础上，整合加工写出文本初稿，并请专家进行指导，完善教育经验总结。

六、积极传播，分享经验

老师们还可以积极交流经验与总结，在校际、区际、市际等之间进行经验分享，通过思维火花的碰撞，成果的宣传与经验的实际运用，进一步对经验进行论证和完善。

案例1：“问题—方法—成效—提炼”模式经验总结

小学数学错题评讲教学的经验

面对学生出现的错题，有的教师牢骚满腹，有的教师冷静思考，有的教师耐心评讲。该老师发现学生出现解题错误时，会认真分析，精心讲评，帮助学生纠正错误，提高学生的解题能力。在教学实践中，他摸索出一些错题评讲的经验，取得了不错的成效，提高了教学质量。一段时间结束后，他有意识地回过头去梳理总结，提炼出“一点突破”“多点发散”“反面强化”等错题评讲策略，并发现不仅提高了学生的数学成绩，还增强了学生的知识运用能力、数学思维能力、解决问题能力。①

本案例通过问题聚焦、方法实践、成效体会、提炼经验四个环节，有序进行了研究经验的总结。这位老师对数学评讲错题的教育实践活动采用“回头看”的方式，将出现错误的原因溯源，梳理、分析、概括、归类错题评讲的经验，由感性认识上升到理性认识，由局部经验探求背后的规律，最后提炼出错题评讲教学的经验。

案例2：“发现—积累—验证—提升”模式经验总结

“一本练习本”的经验

上海“青浦县数学实验”历经十年，使全县数学教学质量稳步提升。该实验还总结出了一套科学的“尝试指导，效果回授”的教学方法，据说源于“一个练习本”的故事。一位老师无论带什么样的班，只要几个月的时间，该班的数学成绩都会明显提高。后来经过班级对比，发现这位老师与其他教师的不同之处在于使用了“一本练习本”。这么朴素的经验后面有什么规律呢？一个练习本可以促使教师及时批改作业，当天了解学生对知识的掌握情况，并有针对性地进行个人指导和集中反馈。这样长此以往，学习上的问题不至于堆积，学生成绩提高很快。而使用两个作业本，可能不能及时了解学生情况，进而使得问题搁置，没有解决。最后教改领导小组在分析经验后，提炼出“效果回授”的原则。②

教师其实是一个“富矿”，平凡工作中“含金量”很高，但往往写了很多，缺乏一定高度。就如本案例中，“一本练习本”的朴素经验，通过理性思考，事后总结，使成熟的经验逐渐提升，并上升为一个规律性认识。所以，在平时的教育教学中，教师要勤于积累经验事实，善于验证经验，积极提炼经验，让工作成果得到提升。

案例3：“研究过程中多种方法综合运用”模式经验总结

高中优秀青年语文教师专业发展的叙事研究

笔者结合研究主题选取了某高中优秀青年语文教师作为研究对象，进入学校与课堂，深入探究，通过访谈与观察法等从这位老师的发展历程、成长过

① 侯艳梅. 教海泛舟［M］. 石家庄：河北教育出版社，2021.

② 祝庆东. 教师如何做“小课题”［M］. 上海：华东师范大学出版社，2019.

程、课堂教学实录选取素材，还从同事、学生、家长等对她的态度与评价等方面搜集资料，学生对她最多的称呼是“知心姐姐”，老师们几乎异口同声地对她称赞有加，同时她也是家长眼中信赖的朋友，这些素材为读者呈现丰富的过程性事实资料。同时，采用叙议结合的方式呈现研究对象专业发展过程中经历的重要教育事件，以及事件背后，研究对象表现出的教育特征。[①]

评价：本案例中，笔者是站在研究者的身份，在研究期间深入这位老师的学校，走进她的课堂，接触她的同事、学生及家长并对他们进行访谈，搜集有关该老师过去或现在的各种资料，还原这位老师专业发展的历程，结合具体的教学生活，为高中语文教师尤其是青年语文教师专业发展的理论提供真实、鲜活、生动的实践依据，对其经历进行深入剖析，找出青年语文教师成长的核心内容，提出促进高中语文青年教师职业群体素质提高的重要经验。

由此可见，老师们在运用经验总结法时，第一步是要进行实地考察，行动研究，综合运用访谈法、观察法等，从研究对象本身了解多种信息，还要变换视角，多角度、全方位了解、搜集、积累与主题相关的大量事实资料；第二步回溯过程，由感性认识上升到理性认识，从局部“经验”发掘其普遍意义，探求事物发展的规律。

86. 如何用经验总结法撰写论文或报告?

经验总结报告标题最常见的写法是“单位名称+时间+内容和文体”，如《深圳实验学校2002年度英语教研工作总结》《某某教师对于小学三年级作文教学的经验总结》。这种标题虽然比较呆板，但使人一目了然。也可以成功的经验作为标题，如《动之以情，晓之以理——某某教师转变后进生思想的经验》《给学生一把“开山斧”——谈学生解题能力的培养》。这种标题往往用语生动，有活力，在众多的呆板枯燥的标题中给人眼前一亮的感觉，所以极易引起读者的兴趣。还可以问题作为题目，如：《怎样在数学教学中培养学生的自学能力？》这种向读者抛出本文的重心题目，不仅吸引读者的注意力，同时

① 刘世丽.高中优秀青年语文教师专业发展的叙事研究［D］.郑州：河南大学，2018.

还引发读者思考和共鸣。

正文是报告的主体，必须围绕教育经验总结的中心论点和组织材料进行论证，通过对教育经验的分析和综合，把教育经验的重要意义体现出来。正文的写作形式很灵活，大概有以下几种：①层层递进。往往是先谈实践工作过程，从实践中遇到的问题开始介绍作者所采取的方法，接着谈取得的成绩，然后谈从中所得到的经验体会，最后谈存在的问题及今后应改进的建议。这种行文方式是按照经验总结构成的顺序依次进行的，逐步推进，深入展开。②并列式写法。将整个工作过程整理后分为若干部分来写，每一部分也可以有一个醒目的小标题，各部分之间是并列关系，集中说明整个文章的论点。③倒叙写法。先列出所取得的成就，再介绍经验。

正文部分的内容，应以总结成功的先进经验为主，也可适当总结失败的教训或简明地阐述尚存在的问题，便于进行更深入的研究。既可以把问题和建议分散在每个具体的问题上，也可以在全面阐述成绩和经验之后，集中谈论问题和建议。

一篇经验总结报告，可以结论结尾，也可以体会（感受），以探讨本经验的不足以及其他方式结尾。结论是教学经验总结报告的结晶，通过对正文论述的进一步概括和总结，形成规律性的东西。如《略谈小学数学教学中如何调控教学进程》一文概括出的结论是："课堂教学并不是不可捉摸、无法控制的。尽管教学是一个动态生成的过程，但是教学的生成性并非意味着不需要预设，而是教师需要不断在预设与生成中寻求一种平衡。"如《小学在数学教学中应注重对学生动手、动脑、动口能力的培养》的结尾写道："在小学数学教学中，引导学生动手、动脑、动口是学生认知规律对数学教学的客观要求，有利于其对知识的理解和掌握，又有利于发展学生的思维能力，但在引导中应注意以下几点：①要根据一节课的教学目标、教学的具体内容、课堂上采取的方法、学生的认知能力和发展水平等因素来确定；②在数学教学中，对学生要有明确的要求；③在教学中学生的动手、动脑、动口要适度。"

为什么"活动课程"变得更受欢迎了

——我用经验总结法

一开始，我们区级课题申报的方向是《××活动校本化实践研究》，但在研究过程中我们发现研究范围过广，而且彩虹活动本身就是校本化的，因此我们将题目改为《××特色活动实践研究》。随着研究的推进，我们发现学校前期已经开发实施了不少活动，问题是这些活动的品质不高，特色不显，教师单兵作战，缺乏活动序列性，更缺乏活动的评价改进。因此我们听取专家意见，将研究主题调整为《××活动课程优化升级实践研究》，用课程开发范式来提升活动品质。

经过一段时间的研究，我们惊喜地发现，活动课程的实施丰富了学生的学习体验与学习方式，让学生变得更加主动，学习积极性更高。为什么会出现如此的变化呢？我们课题组开展了座谈式讨论交流。对大家的发言进行整理归类后，我们总结出的成功经验，大致包含以下几个方面：

一、依据学生兴趣编选课程内容

发放学生问卷调查表，聚焦孩子兴趣点，将活动从原来的39门浓缩到目前的25门。学科组教师讨论，结合学科特点、年段特征和学生兴趣，拟定活动课程主题，比如科学组的走进大自然系列——《叶脉书签的制作》《你想堆个雪人吗》，在动手动脑中培养学生的科学素养；再如，数学组的以“趣味绘本”为主题的数学活动课程，《古罗马人的数字》《比比看谁大谁小》，在图文并茂的教学中感受数学的魅力。

二、确保学生自由选择课程

开设兴趣班、选修课，开展各种社会实践活动等，并且给予学生自由选择权，让学生根据自己的兴趣和需求自主选择。先告知学生一共开设了哪些课程，让学生写三种自己最感兴趣的课程，老师再根据孩子的实际情况进行引导和推荐。

三、严格保障活动课程时间

以前，由于教师过于重视学科教学成绩，把综合实践课、大课间和课外活动等时间占用。研究介入后，严格要求用这些时间确保学生参加活动。学校安排早读前20分钟、大课间、中午午休前20分钟、每周五下午两节课作为活动课程时间。

四、尝试以评价促进课程优化

学校组织各种活动、比赛，充分利用班级各种资源、空间来为学生提供展示自己的机会和空间，通过学生参与度和成长获得感来判断课程是否赢得孩子喜欢。比如：武术、阳光体育课程的汇报表演。同时采用统一的课程评价量表，每期对课程项目进行评估，督促项目负责人下期进行优化。

通过经验的总结，我们更加坚信，一个课题要产生真实效果，一定要有几个要件：其一，一定要基于学生特点和兴趣，这是教育产生作用的起点；其二，一定要提高教师意识，从内容质量和时间频次上保证研究质效；其三，评价激励太重要了，没有评价，没有反馈，就没有改进。

（周佩）

第七节　实验法

87. 什么叫实验研究法？

实验研究法是判断教育现象中因果关系的基本研究方法。研究过程需要控制无关变量，有目的、有计划地操作自变量，观察、记录、测定教育现象的变化，研究教育条件与教育现象之间的因果关系，从而得出科学结论。

88. 实验研究法的根本特点是什么？

实验研究有三种基本要素，构成了实验研究所具有的独特的语言：

一、自变量与因变量

自变量也称原因变量，因变量也称结果变量。实验研究的中心目标是探讨变量之间的因果关系，基本内容是考察自变量对因变量的影响。

二、前测与后测

通过比较前测和后测的结果，来反映自变量对因变量所产生的影响。这种测量既可以是一次问卷调查，又可以是一项测验。

三、实验组与控制组

实验组就是接受自变量操控的那一组，控制组（对照组）在各方面与实验组都相同，但并不给予实验刺激。二者结果的差异反映出自变量的作用。

89. 实验研究法有哪些分类？常用的有哪些？

按实验进行的场所来划分，可分为实验室实验和自然实验，教育科研通常指后者，即在日常教育工作的正常条件下进行研究。按实验变量的控制程度和内外效度的高低来划分，可分为前实验设计、准实验设计、真实验设计。基层教育工作者面对的是真实复杂的情境，因此通常无法完成真实验设计，能做前实验和准实验就不错了。按实验研究的性质和目的来划分，可分为探索性实验、验证性实验、确认性实验。在教育科研中，探索教育规律和理论的探索性实验通常由高校完成，中小学校多做理论的应用，即验证性实验，以及自身经验的总结提炼，即确认性实验。按自变量因素的多少来划分，可分为单因素实验、多因素实验。通常建议中小学教师做单因素实验，以免关系交缠不清。

90. 如何在教育教学工作中使用实验研究法？

一、需形成假设

假设的形成思路可以采用归纳式的方式，侧重从学校的实际工作出发，对已有的教育教学经验进行归纳、筛选、分析，提出切实的教改实验设想。也可以采用演绎式的方式，侧重从教育科学或其他相关学科理论出发，通过理性思辨，派生出一些新的教育哲学观念、教学改革思想，并具体化为教改实验的措施。比如根据人脑科学研究关于左右半脑功能互相联系以及大脑潜能的最新观点，演绎出让儿童言语符号学习与动作形象学习交替进行，促进左右脑协调发展的实验假设。

二、实验方案的设计与实施

设计分两个部分。其一是操作部分，确定自变量的操作原则、方法与实施程序；规定实验对象的选择原则、分组方法和实施程序；提出阶段性、终极目标达成的评价标准和方法，即进行因变量观测设计；确定实验资料的积累要求、实验数据的处理方法等。其二是实验管理部分。制定实验工作计划，包括组织保障、规章制度、设备筹划、经费使用、时间安排等具体方案。实施中应保证自变量分阶段落实到位；同时要有目的、有计划地观测实验效果，不断地收集实验资料、数据。周期较长的实验应做好阶段性小结，不断进行形成性评价。

三、实验成果总结

将大量的原始资料、数据归纳整理成易于处理和能够理解的统计图表，运用科学的原理与方法，对取得实验结果的原因进行解释，从理论上回答“为何如此”的问题，得出因果关系的结论。报告结果时，必须详细说明实验结果的取得所依赖的条件（师资水平、社区教育环境、儿童经济文化背景等）。

下面通过几个案例具体分析实验研究法的使用技巧。

案例1：

为了讨论班级规模与教学效果之间的关系，美国的怀特勒和威勒在1929—1930年以某小学24个教学班为研究对象，统一小班20人和大班40人，以相同的教学内容与方法，并尽可能地由同一个老师教授内容，进行16周教学。对两组学生的实验结果进行比较分析后发现，小班的教学效果优于大班，接受小班教学的学生学习成绩较好。

柯亨及其同事于1983年展开了一项名为“班级规模与教学”的研究。研究方法包括课堂观察、成绩测验、教师和学生访谈、学生作业分析、教师的教案和日记分析，以及学校文件资料分析。他们将班级规模对教学过程的影响分为三个方面，即行为管理、个别化教学和课程。研究结论是，班级规模本身并不能对教学效果产生深刻的影响，而是通过与学生的学习行为和态度，以及教师的教学方式方法相互作用而间接地影响教学效果。[①]

【案例评析】

这两个实验非常经典。前者是第一个将实验技术引入该问题，才有了严格的对照和变量控制，得出了一个比较粗糙的结论。第二个实验在第一个基础上进行了改进，我们可以很明显看到实验的自变量和因变量更加丰富，研究方法更加多样，因此研究结论也就更加精准。

案例2：

数学自我概念是数学品格之一。培养和提高学生的数学自我概念具有重要的意义。本案例采用不相等实验组对照组，前测后测准实验设计，对某镇初中二年级两个班92名学生“数学自我概念”方面进行辅导训练。为了控制无关变量，采用“单盲”方式即学生并不知道参与了实验，为确保自变量准确实施，研究者对实验班各位老师进行了心理辅导和实验培训。实验结果表明，中等生和差生数学自我概念的提升效果非常显著，优等生效果不显著。[②]

【案例评析】

该案例选题很好，将“数学自我概念”这个普通老师通常不会注意到，但又十分重要的概念作为因变量，这就在创新性上占据了先手。然后作者根据学校实际情况，选择2个班92名学生作为研究对象，使得研究范围既可控，又不至于样本量过小。其选择单盲对照实验，减少了学生心理干扰，使研究结果更令人信服。同时，为了更准确地实施和测评自变量因变量，作者对实验班各位老师进行了心理辅导和实验培训，这也是值得学习的。

案例3：

作者以辽宁省六所小学的544名学生为研究对象，对儿童自信心发展水平进行调查数据分析，并重点对儿童自信心养成做了实验研究。实验的自变量是“自主教育系列活动”，分为学校主题教育活动（如小小外交家、我是学习活动小主人、大家愿意接受我吗、我的个性表现等）和家庭主题教育活动（我

① 冯建华. 小比大好，还是大比小好——班级规模与教学效果的实验研究［J］. 教育实验研究，1995（4）：61-66.

② 梁好翠，黄岳俊. 农村初二学生数学自我概念辅导训练的实践研究［J］. 数学教育学报，2020（3）：14-18.

给自己当裁判、我是家庭理财官、和妈妈聊天的乐趣、谁说我没有长大）两部分。在实验班实施自主教育主题活动，每周一次，每次45分钟，进行现场实验；同时每学期召开两次家长座谈会，每周公开日对家长进行家庭教育主题活动的培训，然后再由家长对儿童进行教育，每次培训为45分钟，总实验时间为6个月，控制班按照学校常规教育组织活动。结果表明，“自主教育系列活动”能够有效地促进儿童自信心发展水平的提高。①

【案例评析】

学校研究通常容易泛化，想得太多做得太多，反而无法聚焦，从而丢失了研究味道。该案例就是一个较好的学校开展课题研究的样本。自变量简单，就是自主教育系列活动，但是对活动进行了精心设计，围绕“主动性”“独立性”“交往性”“自我评价”分别设计了学校和家庭两个系列，并进行了严格的实施（每周一次，每次45分钟）。由于实验前期注意了自信心的要素拆分和样本的选择，因此，课题组不仅可以对各要素进行对比分析，还可以对性别、不同年龄、独生子女与非独生子女、单亲、双亲家庭儿童的自信心水平进行分析。这就是实验严谨设置的好处所在。

91. 如何用实验研究法撰写论文或报告？

实验报告就是把实验的目的、方法、过程、结果等记录下来的文本，通常分为五大部分：

1. 引言，介绍研究目的，背景意义等。

2. 研究方法，通常介绍研究工具、研究对象和具体方法等。

3. 实验程序，主要介绍实验前测、干预因子或干预过程、实验后测、数据统计与分析。

4. 实验结果，通常呈现图表和数据，对自变量和因变量各因素进行关联分析。

5. 讨论或结论，通常揭示实验对教育现状的启示和对问题的解决建议。对中小学老师来说，做好了实验设计，报告就成功了一半。另一半则是对实验数

① 郭黎岩，杨丽珠，刘正伟，等. 小学生自信心养成的实验研究［J］. 心理科学，2005，28（5）：1068-1071.

据的收集和分析，这需要老师掌握一定的分析工具和方法，同时也要注意结论的客观和严谨，勿过分发挥。

教育实验法和实验教学法

作为一名物理教师，我很疑惑，教育实验研究法与物理实验教学中用到的控制变量法有什么区别呢？

经过一番学习比对，我发现，在方法层面，二者是相通的，都是在有多个变量影响探究结果的情况下，控制无关变量，有目的、有计划地操作自变量，观察、记录、测定现象的变化，研究变量与现象之间的因果关系，从而得出科学结论。二者的区别是，前者是“教育实验法”，以一定的教育理论及其假设为指导，自变量是某些教育因素或教育条件，因变量是教育现象变化的结果，揭示的是教育活动规律；后者是“实验教学法”，是指在具体学科实验中，教师引导学生操作变量以研究学科知识和原理，其自变量和因变量通常是自然因素，揭示的是自然规律，比如接触面粗糙程度与滑动摩擦力的大小关系。物理实验的显著特点是可以有规律地重复出现。

实验研究法是判断教育现象中因果关系的基本研究方法。虽然在教育领域很难有非常严密的实验控制，但是实验法的大胆假设、小心求证、主动干预、积极探究等精神和思想却是可以运用于日常教育教学之中，并产生良好效果的。

（许洋）

第八节　行动研究法

92. 什么是行动研究法？

自行动研究这一概念提出以来，学术界从不同角度对其内涵和外延进行了界定。其提出者之一库尔特·勒温（Kurt Lewin，1946）认为行动研究“结合了实践者的智慧和能力”；艾略特（J.Elliot，1991）从行动研究的目的和适用领域对其进行了界定，“行动研究是对社会情境的研究，是从改善社会情境中行动品质的角度来进行研究的一种取向”。《国际教育百科全书》中，汉森（Husen，1985）在界定时主要突出了行动研究对研究者本人的价值，“由社会情境（教育情境）的参与者为提高对所从事的社会或教育实践的理性认识，为加深对实践活动及其依赖的背景的理解所进行的反思研究”。综上所述，我们认为“教育行动研究”是指，研究者针对教育实践中的问题，在教育行动中不断探索、改进，进而解决教育问题，提升研究者对教育实践的理性认识而进行的反思研究。

93. 行动研究法的根本特点是什么？

行动研究最大的特点是研究的螺旋式循环，即运用同样的研究过程反复研究同一个问题，直到问题解决。以最为经典的凯米斯模式为例，研究者需要先制定研究计划，继而根据计划展开行动，并在行动过程中观察行动效果，然后总结行动过程中的经验与不足，最后重新制定新一轮的研究计划，进入下一轮的行动研究。

除研究的循环以及所有研究方法共同具备的特点外，行动研究还有一些个性特点：

（1）为行动而研究，行动目的是为了解决实际问题，因而这种研究方法对科学理论和其他研究方法具有很强的包容性，只要对解决问题有用，都可为研究所用；

（2）在行动中研究，行动研究强调把科学研究和日常行动相融合，使二者互为基础，互相验证，相辅相成；

（3）由行动者研究，在教育行动研究中，教师既是行动的主体，又是研究的主体，其主观能动性能够得到比较充分的发挥。

与之相似的是实验研究，二者的主要区别在于，实验研究侧重于理论，主要通过科学的研究方法，检验研究前提出的假设，丰富与发展理论认识。行动研究则侧重于实践，强调解决问题，发展理论只是顺势而为。二者不论是研究目的，还是研究对象、研究设计、报告撰写等各个方面均有不同。以报告撰写为例，行动研究须在呈现中体现研究的循环，而实验研究则须突出理论的发展。

94. 行动研究法有哪些分类？常用的有哪些？

从研究侧重点、行动研究内部的发展历程、研究者如何对行动进行反思、研究者组成等不同角度，行动研究法可以分为许多不同类型。本书主要介绍根据研究侧重点的不同，教育行动研究法可以分为哪些类型：

（1）研究者使用测量、统计等科学方法来对自己的教育行动进行研究，强调研究的科学性。

（2）研究者为解决教育实践中的问题而采取多种方法进行研究，重点关注教育问题是否得到解决。

（3）研究者运用教育理论对自己的教育实践进行批判性反思，并通过反思来促进教育实践的改进。

在实际研究行动中，行动研究可能同时具有这三种类型的特征，其越来越强调研究的科学性，注重通过批判性反思推动问题的解决。

95. 如何在教育教学工作中使用行动研究法？

行动研究在教育科研中应该如何运用呢？本书将用三个案例呈现行动研究的具体操作方法。

案例1：

案例呈现：《运用行动研究法探究PRT小学英语教学的改进策略——以C校为例》

“目标—计划—行动—评价”模式案例分析

一位英语老师在教学中产生疲惫感，开始自我反思：我的教学组织形式是否有问题？在实施研究计划前，这位英语老师先对本班家长和学校其他英语老师进行深度访谈，明确了问题成因。

此时学校正在开展PRT（Playing-Reading-Thinking）教学实验，她便想将这种理念运用于自己的教学中，以改善自己的教学组织形式。确定目标后，这位老师明确了计划的内容与方式：基于PRT理念进行“滚动式分组教学”。

通过一段时间的行动研究，这位英语老师得出结论：教师可以尝试采用按照学生能力滚动式分组的教学形式来实施相关活动。

【案例剖析】

本案例突出了研究过程中发现问题、拟定目标、制定计划、开展行动、评价行动这样一个过程，尤其是寻找和厘清问题环节，较为细致、严谨。同时，这位老师在进行行动研究前，还将要研究的对象和学校的教学实验进行了融合，让自己的行动研究可以得到更多支持，这也是一大亮点，值得学习。

但本案例的研究过程不够清晰，缺乏对行动过程的具体描述，对研究过程反思不足，也未提出下一步改进的方案，没有进入行动研究的下一个“循环”，得出的结论也较为有限，不得不说，这略让人感到遗憾。

因此，我们在开展行动研究时，除了明确问题，提出计划并实施，还要特别注意“评价过程”。缺乏对过程的科学评价，研究反思就容易流于形式，研究效果便很难有质的提升。

案例2：

案例呈现：《初任中学历史教师用好讲授法的行动研究》

“计划—行动—考察—反思”模式案例分析

一位新入职的历史老师发现，讲授法的重要地位在新课程实验开始后遇到了前所未有的挑战。于是运用行动研究法对“讲授法受到挑战”这一现象展开了研究，其研究具体过程如下：

第一轮行动研究，针对讲授时照本宣科、无法激发学生的学习兴趣等问题，通过对学生的访谈和调查，制定改进措施，并付诸课堂教学，发现启发式讲授策略对上述问题的解决有一定的参考意义；

第二轮行动研究，针对讲授时重难点不突出、讲解不透彻等问题，采用充分备课、史料辅助等方法进行补充教学，发现这种方法非常有效；

第三轮行动研究，针对学生思维虚假活泼、能力内化不足等问题，进一步采用了启发式讲授策略、史料辅助讲解的方式，发现其对学生能力提高有帮助。

通过三轮行动研究，在不断反思与改进的过程中，这位历史老师的讲授现状有了较大改变，得到了学生和备课组教师的认可。

——案例来源：中国知网硕博论文库，作者西北师范大学，王有花

【案例剖析】

行动研究主张边行动边调整，通俗言之，即研究的循环。具体到本案例，

在为期一学期的研究中，这位历史老师共进行了三轮行动研究，每一轮，行动研究者都根据出现的问题进行原因分析，探索对策（计划），付诸教学（行动），在教学中采取多种方法考察成效（考察），对新出现的问题进行反思（反思），继而探索问题成因，继续探索对策（计划）。“计划—行动—考察—反思”，在研究过程中层层递进，三次循环，螺旋上升，促进了问题的有效解决。

案例3：

案例呈现：订正的威力

“分析—对策—效果—反思”模式案例分析

一群数学老师发现，在日常教学中大家经常运用“订正”这一教学手段，但却甚少深入探究如何使订正更加有效，甚至高效。于是，他们便采用了行动研究法对“订正”的威力进行了研究。

他们的行动研究共进行了三个循环：

第一个循环：分析学生计算错误的原因，采用常规措施，即订正错题后才能开始做新作业，订正完之后才能回家，错得较多的学生由老师进行一对一辅导订正。经过三个星期的执行，学生的计算错误得到了有效遏制，但个别同学失分严重。于是老师们开始反思，这些学生应该在下一阶段得到更多关注。

第二个循环：分析低分现象，发现这与学生未在学校完成所有订正有重要关系，于是老师们调整对策，加大纠察力度，更加严格要求学生于校内完成订正。经过25个课时的教学，教学质量有一定程度提高，但后进生的数量依然未变。调查还发现，部分后进生经常以“抄写”代替思考。

第三个循环：分析“抄作业”现象，认为过大力度地抓订正反而使学生产生厌烦的情绪。老师们改变了教学方法和订正要求，精讲多练，给学生更多时间改错，控制留堂时间，让学生尽早回家，不公开未订正完学生的名字，以免学生产生厌烦情绪。到期末考试时，学生的数学成绩有较大提高。

针对这一学期的行动研究，老师们进行了反思：虽然订正教学法对提升教学质量有较大作用，但对老师的业务能力要求较高，是否值得推广还未可知。

——案例来源：公众号“小课题研究”2017年5月26日文

【案例剖析】

本案例针对“订正教学”的三个研究循环，老师们均采用了相似的研究模式：分析问题的成因—商议可以执行的对策—考察对策实施的效果—反思存在的问题。

本案例的研究模式符合行动研究要求，在开展订正教学的过程中，不断评价策略实施效果，反思问题成因，调整对策，研究过程尽可能做到科学规范。正是因为老师们“分析”入里，“反思”全面，他们的对策才能行之有效。这也给我们一个提醒：行动研究若想成功，脚踏实地的行动至关重要，严谨的分析和深刻的反思也具有举足轻重的作用。

96. 如何用行动研究法撰写论文或报告？

行动研究的论文或报告的撰写需要避免两种倾向：一是各类教育故事或案例过多，导致表述不够规范；二是过分追求表述的科学与规范，而失去行动研究的魅力。因此，在撰写行动研究的论文或报告时，研究者应注意平衡故事性与规范性，既凸显行动研究的独特魅力，也保留研究报告的规范程式。

论文撰写与研究报告撰写有相似之处，本书以三份报告为例，介绍行动研究报告的一般写法。

案例1：

案例呈现：一名“多动”学生的行为纠正

问题解决模式的行动研究报告

本案例中，研究者运用行动研究法对班级中的一名“多动”儿童进行了为期一学期的纠正教育，帮助其回归正轨，使其行为规范得到较大改善。

在报告的“引言”部分，研究者介绍了研究目的是纠正研究对象的不良行为；“问题提出”部分介绍了研究对象的基本情况，以及其存在的问题；在“研究分析”部分，研究者先根据研究对象的前期问题做出了初步判断，又结合老师和家长的分析，最终明确了首轮行动研究要解决的问题；“拟定计划”环节，研究者展示了三轮行动研究的具体目标和措施；“实际行动”环节则按照“分析—行动—反思”的模式具体介绍了三轮行动研究的实施过程；最后在“反思总结”环节，研究者对整个行动研究进行了反思总结，并提出了下一步的研究目标。

——案例来源：公众号“小课题研究”2017年5月24日文

【案例剖析】

许多教师有意愿开展行动研究，但却不愿意撰写行动研究报告，主要在于不知道行动研究报告的基本规范。如何解决这一问题？教师可以先阅读一些规范的行动研究报告，然后模仿这些报告的形式进行练习，从而逐步掌握撰写教育行动研究报告的技能。

行动研究属于教育实验研究的一种，因此其报告形式应遵循教育实验研究报告的基本形式，即须包括三个部分："问题与假设""过程与方法""结果与讨论"。

在本案例中，"引言""问题提出"以及"拟定计划"就属于"问题与假设"；"实际行动"环节就属于"过程与方法"；"反思总结"就属于"结果与讨论"。只要有了这三个部分，你的行动研究报告的"形"就有了。

案例2：

案例呈现：反馈促进新教师教学反思能力发展的行动研究

研究模式的行动研究报告

本案例中的研究者采用个案研究法，在"师徒制"和"校本教研"体制下实施了一项旨在促进新教师教学反思能力发展的行动研究。

本案例是一篇研究论文，其写作方式遵循了常规的论文规范，论文由"引言""概念界定""研究过程""研究发现""结论与讨论""结语"组成，同时这些环节也凸显了研究的味道，比如，在提出问题之后，研究者并没有紧随其后阐述其研究计划，而是对本研究的核心概念进行了文献梳理。在研究过程中，研究者十分注重数据的采集与分析，例如，他们收集了教学录像、录音、教学反思日志、说课稿、教学课例等过程性资料，并通过课堂观察、问卷调查、文本分析等方法进行了数据分析。这些研究工作都在文中得到了一定程度的体现，使文章的研究效度更有说服力。在对研究效果进行评估时，研究者采用了图表的形式对其进行了比较直观的呈现。

——案例来源：罗晓杰，牟金江. 反馈促进新教师教学反思能力发展的行动研究，《教师教育研究》2016年第1期（第28卷第1期）96–102，74页

【案例剖析】

不论是行动研究的报告还是论文，其写作都不是整个研究结束之后才开始撰写的，在研究之初就可以开始写作了。行动研究讲究边行动边调整，这就要

求研究者在研究的同时也进行记录。例如，本案例中的研究者，在研究开始阶段就完成了问题梳理和文献查新的工作，研究过程中也在不断收集和整理各种资料，从而提升了研究效度。在研究过程中，除本案例中提到的资料，我们还可以收集整理研究计划和学生的作业、作品等。研究需要不断调整，因此收集好数据后，研究者一定要及时对数据进行处理和分析。一方面，这可以为随后的观察反思与计划调整提供依据；另一方面也可以减轻研究后期的工作压力。

案例3：

案例呈现：高中地理过程性评价行动研究

记录模式的行动研究报告

本案例中的研究者通过两轮行动研究，探讨了高中地理过程性评价的手段与方式。研究报告由“问题的提出”“理论依据”“行动研究方案设计”“实施过程”“行动研究的效果”“行动研究存在的不足、启示与展望”六个部分组成。

报告重点突出了两轮行动研究的实施过程，从如何制定实施方案到怎样反思与调整，都进行了比较详细的记录。通过这份研究报告，读者可以比较清晰地了解研究者具体是如何开展两轮行动研究的。同时，这份报告也突出了研究工具，即研究者通过“学习过程记录表”“活动记录与评价表”等方式对研究效果进行评价。

——案例来源：公众号“小课题研究”2017年5月21日文

【案例剖析】

一般而言，偏向于记录模式的行动研究报告会突出行动的过程与方法，具体包括“过程”“方法”和“研究工具”。在本案例中，研究者对研究的时间、地点、对象等都进行了比较详细的记录，这些记录可以表明研究的真实性。而对研究过程的详细描述，一方面可以证明研究的真实性；另一方面，当研究过程中遇到问题时，研究者通过各种方式逐一解决问题的过程，也提升了报告的故事性与可读性。最后要提醒各位读者，即便注重记录的行动研究报告，也不能忽略了其科学性，这种类型的报告或论文依然要在报告中说明收集资料或解释资料的工具，这样一方面可以彰显研究效度；另一方面也可供其他读者作研究参考。

我用行动研究法

负责学校的科研工作之前，我对“行动研究法”知之甚少，连概念都不清楚，更别说使用了。在机缘巧合之下，我与一个同样负责科研的老师聊起一个学生案例，那位老师告诉我，其实我的教育过程就是一次标准的“行动研究”。

我是怎么做的呢？一起来看看吧。

我班上有个叫G的女孩，管理情绪的能力较弱，常常因为需要得不到满足而哭闹。长此以往将不利于她的长远发展和身心健康，于是我开始思考，怎样帮助她提升管理情绪的能力。

第一轮行动研究：迁就法。

我的计划是尽量避免G产生不良情绪，多照顾她的需要，多花时间与她耐心沟通。计划实施一个月后，G上课哭闹的时间越来越短，强度越来越弱，情绪管理能力似乎得到了提升。

但G毕竟不是只上我的课，在其他课上，当老师和同学不再对她进行特殊照顾时，她依然会发脾气。而且她越来越听不得批评，只要有人对她表达了否定的意思，她就会大吵大闹，等别人去安抚她。实际上，因为我的干预，G的情绪控制能力不升反降。

我开始反思，是不是不应该对她过于迁就？

第二轮行动研究：情绪处理法。

通过阅读心理学和教育学方面的书籍，在专业心理老师的帮助下，我开始调整自己的做法，不再对她进行特殊照顾，而是像要求其他同学一样要求她。如果她上课发脾气，我就冷处理。如果到下课时，她的情绪还没有调整好，我再单独聊天安抚。我希望用这样的方式逐步提升她的抗负性和耐挫性。

半学期后，G的情绪管理能力有所提升，但偶尔会因为同学的一句话而失控，误解同学的示好行为。

为什么G会误解同学的示好呢？在向心理老师请教时，心理老师认为她的很多表现可能都与原生家庭有关，建议我与其父母沟通，通过家校协作的方式，从根源上解决问题。

第三轮行动研究：治标也治本。

G的母亲和我交流后，带G去看了心理医生，并调整了家庭养育方式。当G

的安全感和爱的需要被满足后，她现在情绪失控的频率少了许多，过激行为也越来越少了。

在这个案例中，我所采取的方法其实就是行动研究法。每一轮行动研究我都有较为清晰的目标和计划，在实施过程中，我一边行动，一边观察和反思，并根据反思结论，调整下一轮行动的目标和计划。

通过我的描述，相信大家已经发现，行动研究法不一定只用于做大的课题，在教育教学过程中，我们早就有意无意地运用过这种研究方法了。“计划—行动—考察—反思—计划……”，行动研究法就是在这样的循环中改变着我们的教育教学。

（蒋鑫玭）

高级篇

教育科研的指导与评价

一名教师在了解并经历基础教育科研的基本流程、基本技能之后，一定会积累丰富的经验，进而成长为科研熟手和能手，进而成为一所学校的教科室（科研室）主任，甚至成为分管科研的副校长。那么这时，教育科研指导与评价就成为他另一个重要的职责与任务了。

本章内容针对这一职责与任务从以下四个方面提出了一些问题并进行了回答：

第一，教育科研的思维方式是什么、有什么用处、如何培育？对于科研熟手和能手来说，不仅要关注科研的“法”与“术”，更要关注科研的“道”，即思维方式的转变，这也是教育科研最为核心的价值。

第二，如何指导他人完成遴选课题、开题、过程研究、结题等工作？在具体内容上，我们试图与初级篇基本流程进行区分，但在实际撰写中发现很难完全做到这一点，只能从不同的侧重点再一次审视科研全过程。

第三，为什么要进行成果申奖与推广，如何才能做好？成果申奖与推广作为教育科研最后也是至关重要的一个环节，对人的要求也相对较高，除了需要高度总结概括提练的能力之外，更需要有系统思考、整体推进的能力。

第四，如何做好组织管理，激励更多人参与教育科研？正如前文所说，处于这个阶段的教师很有可能已经走向了管理岗位，除了进一步精进专业，做好自己的研究之外，还要规划部署学校整体教育科研工作，激励更多教师参与教育科研，从一个人走变成带着一群人走，真正实现科研兴校、科研兴教。

第五章

教育科研的思维方式

第一节　科研思维的认识

经过本书前边内容的阅读，曾经的教育科研小白，是否已获取科研秘笈，成为教育科研领域的高手了呢？惠能禅师在《六祖坛经》里说，手指可以指出明月的所在，但手指不是明月，看明月也并不一定必须经过手指，但必须通过自己的眼睛和心灵。俗话说，理论是灰色的，而生命之树长青。做好教育科研，必须通过研究者的科研思维。教育科研作为提升教师职业素养的重要途径，其最终目的不是做好一个课题，形成一个可以获得认可或者奖项的成果，而是让教育工作者通过课题研究，掌握科研思维方法，养成科研思维的习惯。笛卡尔说：我思故我在。科研思维是一名专业技术人员职业生命的常态。帕斯卡说：人因思考而高贵。从事教育科研，最终意义在于学习、运用科研思维，成为具备科研思维能力的教师，拥有作为教育工作者的职业尊严。

那么，何谓科研思维呢？

97. 什么是科研思维？

我们先从字源上了解一下“思”和“维”吧。“思”字的上部原来不是“田”，而是“囟”（囟代表大脑。），下部是“心”。古人认为大脑和心脏都是思维器官。“思”的本义是“思考”，是指客观存在反映在人的意识中经过思维活动而产生的结果，如图5-1所示。

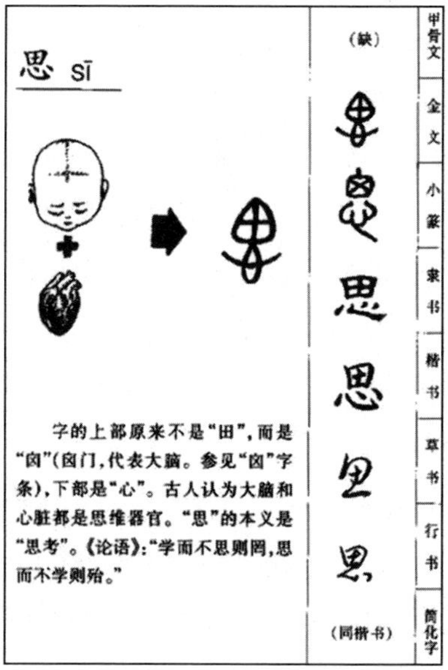

图5-1　“思”字释义

如图5-2所示，“维”的字源意义是拴东西的大绳，基本义是“连接、保持”。“维”字从造字法看，用“丝”（绳子）拴住飞翔的鸟儿（隹）。“思维”一词字源意义的组合，阐释了一种有趣的事实：“思”作为人对客观世界的反映，可以像鸟儿一般四处翱翔，但并非放荡不羁，因为受“丝（绳）”的牵绊与控制，于是“思维”有方，“思维”有术，即思维方式。

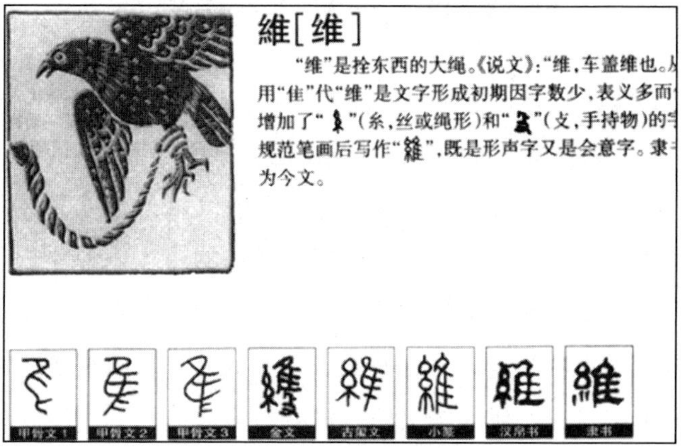

图5-2　“维”字释义

科研思维是人们在进行科研活动过程中所运用的思维方式。科研活动作为一种创造性的认知活动，思维方式自然有别于日常感性思维。诺贝尔经济学奖得主心理学家Daniel Kahneman在他的著作《思考，快与慢》《Thinking Fast and Slow》中将人们处理信息和做决定的思维模式分成了两种：

（1）直觉的、无意识的、快速的、随意的和感性的模式。

（2）理智的、有意识的、缓慢的、逻辑的和理性的模式。

并依据该模式将思考者的思考程度分为了三个层次：

第一层，思考者不自觉的使用模式一来思考问题，习惯快速浏览信息，且用自己固定的直觉、经验判断评价某事物，导致无论信息的好坏，都会按照自己所想传播成为另一种信息。

第二层，思考者相比第一层的思考者，会开始使用模式二去分析信息，简单地思考事物之间的不同，探索一些事物发生的规律。

第三层，思考者则会从不同的角度去发散不同的思维，包括批判性思维、逆向思维、逻辑思维等来思考事物，挖掘事物在各种场景中的表现以及应用，第三层思考者更容易获得创新的想法。

科研思维作为一种科学思维，按照Daniel Kahneman理论，应该属于第二种思维模式——理智的、有意识的、缓慢的、逻辑的和理性的思维模式，经历层次一到层次三的思维过程，具有客观、理性、深度等基本特点，是源于事实，据于逻辑，合于本质的思维方式。

98. 科研思维有什么用处?

思维方式是人们大脑活动的内在程式，它对人们的言行起决定性作用。思路决定出路，科研活动作为一种创造性的认识活动，科研思维最为关键，它是掌握科研技能的前提，也是获得科研成果的必然手段。科研思维贯穿在发现问题、提出问题、分析问题、解决问题等课题研究活动的整个过程中。在课题研究活动中，正是因为有了科研思维的贯穿运用，才能让研究者披沙沥金，透过复杂的事实表象，发现本质和规律，提升认识，改变认知，改革实践。可以毫不夸张地说，科研思维是课题研究的灵魂，没有科研思维，课题研究永远只能停留在经验感性的层面，研究成果就会成为一堆随意散漫、没有价值的文字材料。

99. 教育科研中常用的思维方式有哪些?

教育科研作为一种创造性活动，需要多种思维方式的综合运用才能完成，其中最不能缺席的自然是批判性思维。它不仅不能缺席，而且在众多思维方式中身居C位，是绝对的主角。

一、批判性思维

那么什么是批判性思维呢？因为此思维方式以“批判”冠名，所以常常引起人们的误解，认为批判性思维就是否定，就是指出问题和毛病。因为这样的误解，在现实工作中，不少学艺不精，却认为自己具有批判性思维能力的一线教育科研工作者成为群体里最会挑刺儿的杠精。一个真正的批判性思维者的质疑、批判是为了寻求理由或确保正当性，为我们的信念和行为进行理性奠基，而不是否定一切，批判一切。现在引用百度对评判性思维的官方定义：“批判性思维（Critical Thinking）就是通过一定的标准评价思维，进而改善思维，是合理的、反思性的思维，既是思维技能，也是思维倾向。最初的起源可以追溯到苏格拉底。在现代社会，批判性思维被普遍确立为教育，特别是高等教育的目标之一。”简言之，批判性思维就是对思维的思维。

批判性思维具有求真、开放思想、分析性、系统性、自信心、求知欲、认知成熟度等思维倾向，探究模型包括探究性质疑、反省性思维、元认知、高阶认知等，具有清晰性、正确性、精确性、一致性、相关性、逻辑性、深度、广度和公正等智力价值，几乎涵盖人类理性思考的所有特征，又凸显现代人文精神，因此批判性思维一度成为理性与科学思维的代名词。所以，批判性思维在科学研究中，是最重要和主要的思维方式。

一台戏倘若只有主角，肯定唱不下去，谁愿意看独角戏呢？所以，课题研究活动中，除了需要批判性思维，还需要其他思维模式的辅助。

二、直觉性思维

人类的所有认识活动，皆始于直觉，科研活动也不例外，它首先源于研究者通过直觉对教育教学事实中敏感异常现象的关注，直觉注意让才能发现问题，提出问题。正确的直觉思维者，一定具有正确的教育教学价值取向和丰富理论基础，一个不懂教育的人，是不可能产生合理的教育直觉的。

三、假设性思维

课题在研究方案中对研究目标和研究内容的预设，其实就是一种依据问题（事实现象）和文献资料的研究假设，而这种假设，通过行为研究和对研究行为的反思来予以验证。因此，假设性思维也是进行教育科研的重要的思维方式。

四、程序性思维

在课题研究中，我们常常遭遇这样的困境，就是课题确定了，却常常不知道如何开始研究行为，眉毛胡子一把抓，结果什么也没抓住，导致课题立项了，结题时草草收场，成果了了。其根本原因就是对课题研究缺乏程序性思维，程序不清，思路不明，行为就盲目。当我们拟定了研究的问题，预设了研究的目标和内容之后，在推进研究行为，开展研究活动环节，程序性思维就上场了。程序性思维方式就是将目标和手段不断地进行拆分，把大问题拆分为小问题（就是我们常说的大课题下的子课题），大目标拆分为小目标，并以此设计行动的方向和顺序。好的课题研究程序思维还可以拟出详细的行为图式，按图索骥，有计划地推进研究活动。

五、归纳和演绎思维

归纳和演绎思维作为科学研究中逻辑思维方法的顶流，在课题研究成果梳理和文本撰写时，是必须用到的思维方式。归纳就是从个别到一般，演绎则是从一般到个别。在较少利用数字数据的教育科研中，我们常常通过发掘和打造典型案例的方式，来证明研究的科学性和有效性，使研究不断深化，成果可信、可靠。

六、直线性思维

还有一种思维方式，在教育科研活动中，像几乎没有一句台词的小配角。但是虽然它偏居一隅，却对研究活动冷眼旁观，幕后操纵，决定着研究的成败，它的名字叫作——直线思维。直线思维不同于直觉思维，直觉思维是思维产生的方式，直线思维则是一种思维行进的方式。直线思维是指一种单维、定向、视野局限、思路狭窄、缺乏辩证性的思维方式。在科学研究中，直线思维确实难登大雅之堂。但在人际交往活动中，却是一种以最简洁的思维历程和最短的思维距离，直达事物内蕴的最深层次的一种可贵的思维方式。课题研究往往是团队合作，共同完成，但是在结题和成果申报时，主研成员排名却总是有先有后，这就需要团队中每个成员在合作过程中，思维直线一些，心思单纯一些，不计得失，一心只想着如何让研究扎实有效，最后研有所获，研而有果。倘若成员之间都在心里打着自己的小九九，直线思维变为发散思维，成果未出，矛盾却出现了，最后只能不欢而散。

第二节　科研思维的培养

100. 如何提升教师的科研思维？

思维方式不是先天就有的，是后天习得的结果。教师教育科研是否研而有得，关键在于科研思维的合理运用。科研成果的获得，同时也总是伴随着教师科研思维的提升。科研思维成就了教育科研，教育科研反过来也成就了教师的科研思维。

如何才能提升教师的科研思维水平呢？

一、热爱教育教学工作的职业情怀是提升教师科研思维的起点

黑格尔说，热情是一切事业成功的基础。完成一个教育科研项目，是一个寂寞而漫长的过程，包括厘清问题，查阅文献，设计方案，收集资料，撰写报告等环节，不知道要经历多少个青灯孤影的不眠之夜，才能完成教育教育科研项目。只有对所从事的教育教学工作心存热爱，胸怀理想，才能沉心静气，甚

至十年磨一剑，研究课题，发展科研思维。

前不久获全国教育教学成果特等奖的重庆巴蜀小学，作为中国至今唯一一个获得如此殊荣的小学校，其成果的获得，前前后后花费十余载的时间，几代教育工作者孜孜以求，共同努力。倘若没有对教育工作的热情和挚爱，教育工作者很难耐得住这一份寂寞和辛苦，也不可能在科研方面取得这么高的成就。

二、“立德树人”的初心、“育人为本”的理念是提升教师科研思维的基础

教育的根本任务是“立德育人”，为党育人，为国育才，培养社会主义建设事业的接班人。一切和教育有关的工作，都应该抱持“立德树人”的初心。一切教育科研活动，都必须把“育人为本”作为最核心的价值理念，倘若偏离这一核心，教育科研就可能失去公利，变成“急功近利”，不可能获得真正的科研思维的提升。

在全国影响力颇高，获得行业公认的重庆谢家湾小学“小梅花”课程，其课程改革就是源于发现孩子们课间如厕困境，学生人数成百上千，同时在课间十分钟内如厕，而学校厕所蹲位却不足百个，数据比例的巨大差距，导致很多孩子下课如厕困难，常常排队等候上完厕所，课间活动时间都已经结束了，甚至上课都会迟到，影响下一节课的学习。如何解决孩子们课间如厕的困境，让每个孩子身心愉悦地投入到学习之中，在硬件条件（厕所的数量）不易改变的情况下，调整全校统一上课40分钟、课间10分钟的时间设置，改为上午长课，下午短课，长课时间下，各班上课老师根据孩子们的学习状态灵活安排如厕休息的时间，既解决了孩子们的如厕困境，又因此拉开了儿童第一、育人为本的轰轰烈烈的学校课程改革之大幕。

三、求真开放的心态是提升教师科研思维的保障

天下事随时随地，每一分钟、每一秒钟都在变，宇宙在变、万物在变、人也在变，自己的思想在变、感情在变、身心都在变，没有不变的事物。教育科研面对的更是不断变化的世界。那么如何在变化中寻求真理呢？

孔子给了我们答案：“毋意，毋必，毋固，毋我。”（出自《论语·子

罕》）。毋意，不主观臆断、凭空猜测，遵循现实，尊重科学，让教育科研从事实中来，到事实中去；毋必，不持绝对的态度，能因时变通，因事循源，让研究行为扎实有效；毋固，不固执拘泥；毋我，无私见，不自以为是。课题项目的研究者必须心胸开放，具有求真务实、开放包容的心态，才能以不变应万变，让思维方式时时沐浴科学的新风，养成批判性科学思维的习惯，让科研团队通力合作，携手共进。

四、广泛且高质量的专业学习是提升教师科研思维的源泉

一切思维认知水平的提升，都源于广泛而有深度的学习。知识是智慧的源泉，认知是思维基础，见多识广是毋庸置疑的真理。高质量的教师专业学习必须体现两个关键词：“广泛”和“深度”。

“广泛”就是不仅仅为了完成某一项课题研究项目，需要围绕题目关键词展开大量的文献学习，在日常生活中，人文社科、天文地理、社会新闻、科技前沿、时事政治都要学习，这些内容可能与科研项目没有直接关系，但是能让研究者具有人文情怀，获得研究灵感，这是实现高品质教育科研必不可少的素养。

“广泛”是学习的宽度，还必须要“深度”来保证学习的质量，否则好读书却不求甚解。孔子说：“君子不器”，本意是说君子不能像一个只有一种用途的器具，作为一名教育研究者，脑子不能只是一个盛放知识的容器，否则，大脑就成为别人思想的跑马场，何来创新与灵感呢？如何让学习具有“深度”呢？这就需要训练批判性思维的能力。

美国思想家梭罗在《瓦尔登湖》一书中说：人总是活在自己的见识里。理论是灰色的，生命之树长青。这句话说的就是所有的理念和思想，都是理念和思想的提出者置身彼时彼境的产物。只有广泛而有深度的学习，才能不断突破自我的识见，调整和完善自己的思维，发现属于此时此境的真理，拥有高远的眼界和格局。研究者的眼界和格局，决定了科研的境界与格局。

五、承担教育科研项目是提升教师科研思维的必经之路

教育是做的哲学，知行合一，做就是得到，在游泳中学会游泳，在具体的科研课题项目研究中，才能提升教师的教育科研思维水平。用深刻、严谨、系

统的思维方式去解决我们工作中的具体问题。从哲学的方法论来说，掌握教育科研的思维方式就相当于掌握一种工具。从这个意义上讲，科研人最大的收获不在于该课题的具体成果，而是掌握了研究的方法，掌握了教育科研这个思维工具。

第六章

教育科研的指导思路

第一节　课题指导

101. 如何指导教师进行教育科研课题的遴选？

教师一旦树立科研意识，在日常教育教学工作中善于观察、勤于反思，就会发现值得研究的课题丰富多彩、应有尽有，再也不会为无题可选忧虑了。但俗话说“巧妇难为无米之炊”，当我们有了各种各样的“米”，怎么才能选出好“米”，做出好“饭”呢？

一、把握课题方向

课题方向直接影响着该项研究的意义和价值。不管哪类课题，遴选时既要埋头细思，立足自身“小”需求，又要抬头看势，满足学校“大”需求。

（一）学校“龙头课题”遴选方向

“龙头课题”从较为宏观的角度，针对学校发展中存在的问题，把课题研究和学校变革融合起来，对学校的整体发展具有指导意义。由于研究周期长、参与人员多，因此龙头课题的选题尤为重要。

1. 紧跟改革热点，把握时代脉动

学校的发展要紧跟时代步伐，因此龙头课题要能体现时代发展的热点问题，反映民众对教育的普遍诉求。

比如国家“双减”政策颁布后，学校可以选择家校协同落实双减、提质减负的课题。又如义务教育课程标准（2022年版）颁布以来，引发了广泛的关注和讨论，学校可以围绕新课标的落实进行选题。

2. 发挥学校优势，助推扬长发展

从学校独有的优势、已有的成果、成功的经验中，寻找课题，深化改革，凸显学校办学特色，助推学校发展。

比如：紧邻各类科技馆、博物馆的学校，可以“场馆课程”作为选题方向；有多年非遗传统课程的学校，可以继续挖掘非遗方面的课题；以田径、足球、乒乓球等体育项目见长的学校，可以依托课题把体育课程建设推向更深处……

结合学校特色，或正在进行的改革、转型、课程建设，开展课题研究。

3. 诊断学校痛点，补齐发展短板

从学校发展过程中的“痛点”“难点”问题中，也会产生不错的选题。这样的选题直面问题、直击痛点，能激发广大教师的研究欲望，同心协力助推学校走出发展困境。

某小学劳动课程是其痛点，学校就组织多学科教师研究“二十四节气里的劳动课程开发与实施”；某小学资优生的培养一直被视为难点，学校就组织开展“资优生六年一贯立体衔接教育”的研究；某小学教师年龄结构失衡，呈现“细腰型”，即接近退休和刚毕业学生约占75%，而中青年教师不到25%。于是，学校把“老中青教师联合教研互促成长的行动研究”作为学校龙头课题；又如一所学校，劳动教育是其发展中的痛点，师生、家长劳动意识强但行动能力差。于是学校在充分调研的基础上，申报了劳动课题“家—校—社协同培养学生劳动习惯的实践研究”，将全体师生、家长以及社区融入劳动课程的建设中。

（二）一般课题遴选方向

“龙头课题”除外，学校一般还有德育类、学科类、跨学科类各级课题。这些课题的选题虽不像龙头课题涉及学校整体发展，但这些课题决定着参研教师未来较长一段时间内的研究重点。因此，选题也非常重要。

1. 紧随学校研究重点

学校的选题要紧跟时代步伐，各科室的选题要紧跟学校的步伐，这样才能形成合力，借力发展。学校各科室的选题可以围绕学校龙头课题，分解出子课题进行研究；也可以围绕学校发展目标和阶段规划，另辟主题，进行研究。

2. 审视教育教学实践

各科室负责人既要抬头关注学校发展方向，又要埋头立足教育教学实践，选题既要考虑学校发展大方向，又要考虑团队教师的成功经验和疑难困惑。

比如一所学校的龙头课题是关于诗歌文化的，数学组根据学科教学实际情况，选择的课题是有关数学综合实践活动的。

3. 兼顾团队研究能力

研究团队的研究基础和研究能力也是选题时需要考虑的因素。要注意扬长避短，选题尽可能发挥各位成员的优势和特长，尽量避免大部分成员都陌生、无法充分发挥研究能力的课题。

（三）教师小课题选题方向

教师小课题针对教师个人或者三五个人，选题相对自由。除了要紧跟时代热点、诊断发展痛点、立足实践经验外，还要注意结合教师研究兴趣、特长，最好是能结合教师个人的职业发展规划。

比如，语文特级教师李吉林老师，从撰写关于情境教育的论文开始，到研究情境教育，几十年来持续研究，硕果累累，终成大器。

二、做好长远规划

（一）选题本身的生长性

一个好课题，其本身具有较强的“生长性”，既可以生长出更深远的研究，又能生长出更宽泛的研究。

比如：课题“基于学生差异的课程校本化实施策略研究”，其中的“学生差异”“课程校本化”包含着丰富的内涵，其深度和广度都是可以继续深挖和延展的。当然，并不是只有这样的“大”课题才具有生长性。比如课题“思维导图在小学数学教学中运用的案例研究”，虽聚焦“小学数学教学”进行“思维导图”的“案例研究”，但往深处挖掘，可以深入到通过思维导图培养学生数学思维品质方面，也可以往宽处拓展为可视化思维工具的研究，还可以从案例研究延展到策略研究。

总之，课题本身的生长性有利于教师沿着一个教育主题持续研究，研究出质量更高、更值得推广应用的成果，避免蜻蜓点水、浅尝辄止。

（二）研究者本人的生长力

研究者是否能依托一个好课题得到很好的成长，主观上来说需要研究者本人具有较强的生长力。除了选题时要和自身的职业规划挂钩外，在研究过程中，研究者本人也要保持饱满的研究热情，坚定的研究决心。遇到困难不畏缩，碰到难题不放弃，保持乐观的心态、积极的行动，才能在课题研究中获得好的成长。选题时，教师要对自身的生长力作出评估，自我激励，做好长远规划，让好的选题成就教师的成长，进而催生出好的研究成果。

三、评估各项资源

选题时不仅要着眼于课题本身是否科学，还要综合评估支撑选题研究的各项资源是否到位。

（一）人力资源

1. 客观评价当下的研究能力

各类课题除了考虑课题负责人和主研人员的研究能力外，学校龙头课题还要考虑绝大部分教师的研究能力，学校各科室的课题要考虑团队成员的研究基础和能力。不仅要考虑当下的人力资源，还要考虑未来一段时间内，课题研究人员变动的可能。

2. 乐观展望未来的研究能力

在进行人力资源评估时，要以发展的眼光看待人才的成长。有一些课题，在研究之初，研究力量并不充足，但随着研究的推进，各项培训、学习、实践的深入，有一些教师的研究能力逐渐增强，并成长为研究骨干。

（二）学术资源

一线教师做科研最大的困难就是学术资源方面的短缺。因此，选题时，要充分考虑学术资源情况。

1. 校内学术资源

选题时要综合评估校内能够提供哪些学术支持。比如学校有没有类似“学术委员会”的专业机构，是否能够在课题研究遇到困难时提供适当帮助；学校有没有专门的教育科研部门，是否有科研领头人可以做一些指导；同事中有没有教育科研比较丰富的老师，是否可以提供实践经验；有没有做过类似研究的课题资料……如果一个学校有若干项各级各类课题，那么这个学校校内学术资源就相对丰富，可以给后续做课题的老师提供更多的支持和帮助。

2. 校外学术资源

校外学术资源包括上级主管部门能提供的科研培训、学习资源；区域内学校正在进行的相关研究资源。这些学术资源不在日常工作范围内，因此要靠老师们主动寻找、积极争取、虚心请教。研究者需要做个有心人，拥有这些资源的老师是非常愿意为其提供支持和帮助的。

3. 网络学术资源

网络让我们足不出户就能获取所需的大部分学术资源。“国家智慧教育公共服务平台”、各省市教育资源平台、“中国知网”“万方数据”“龙源期刊”等学术期刊网，拥有海量学术资源。这些资源具有两大好处：一是直接获取所需信息；二是获得启发和灵感。善用、勤用这些学术资源，可以让我们的选题更能“站在前人的肩膀上”。

（三）财力资源

选题时不要忽略了财力资源。有些课题需要的资金比较多，就要考虑学校是否有足够的财力，支持研究顺利完成。

102. 如何指导教师进行研究设计（撰写研究方案）？

课题研究的设计越科学，越有利于研究的有序推进和顺利结题。研究方案整体完成后，要进一步通观全局、把握细节、深入论证。

一、整体把握

（一）一致性

一致性指的是研究方案要聚焦研究的问题进行论述，做到前后一致，一脉相承。具体来说就是研究背景、研究目标、研究内容、研究思路、研究阶段、预期成果等，均由课题名称穿成一条线，在阐述中可以延展、生发开去，但最后都应该回到课题名称，考量各部分之间的一致性。

（二）连贯性

连贯性指的是整个研究方案各板块内容之间紧密关联、前后连续。研究背景中提出拟解决的问题，那么文献综述就要论述这些问题前人解决到哪个程度，研究目标就要围绕拟解决的问题进行拟定，研究内容要根据研究目标来设定，研究思路要紧扣目标和内容来设计，研究方法的选择要有利于实现研究目标，研究各阶段的任务要围绕研究内容来分配，每个阶段都有达成的目标，预期的研究成果要映照研究目标……总之，研究方案各内容之间要前后连贯、一气呵成。

（三）逻辑性

逻辑性指的是研究方案各部分内容之间要经得起逻辑推敲，尤其是因果关系要成为串联各部分内容的一根隐线。比如研究背景部分，要说清楚因为有了哪些政策规定，基于怎样的教育实践，发现了哪些问题，所以才提出这项研究；因为前人的研究中还存在哪些缺失和不足，所以我们想通过研究深化解决这些问题；要解决这些问题，我们必须先确定哪些预期要达成的目标；要达成这些目标，我们必须开展哪些方面的研究……只有充分考量各部分之间的因果关系，才能提升研究工作的严谨性。

总之，研究方案不是各部分内容的简单相加，在写完初稿后一定要从整体结构上审核其一致性、连贯性和逻辑性，使整个研究方案融为一体。比如某小学“以小课题研究促进小学数学大概念提炼的行动研究”，初稿存在几个问题：在提出问题部分，针对的是学生对数学概念理解不深的问题，但在研究目标上直接上升到对大概念的理解，中间缺乏从“小概念”到“大概念”的过渡，整体缺乏连贯性；对学生小课题研究怎样能促进大概念的提炼没有进行论述，看不出两者之间的联系，整体缺乏逻辑性。

二、雕琢细节

（一）研究背景的常见问题与改进

1. 角度不全

研究背景应该建立在国家教育改革大背景下，再结合学校实际情况进行分析。有的研究方案角度不全，要么只分析大政方针，缺乏对校本实践的分析，忽略了学校的实践根基；要么只分析校本改革，缺乏对时代呼唤的回应，站位不高。因此在初步确定研究方向后，要从国家教育教学改革若干文件出发，探寻文件背后的改革深意，再结合校本实践情况进行分析：已经有了哪些研究？还存在哪些不足？这样才把研究的背景既置于国家改革大背景下，具有高站位的视角，又置于学校改革实践的土壤中，具有接地气的根基。

2. 问题不准

研究始于问题。有的研究方案对问题的分析不够深入，致使问题找得不准、表达不清，大大影响后面对研究目标、内容、研究方法等的设计。

比如某学校在研究多学科协同育人的研学旅行课程建设时，初心是希望通过课程建设工作提升教师的课程研发能力，同时转变讲授为主的教学方式。因此把课题研究针对的问题概括为教师教学观念传统、教学方法单一、课程领导力不强。专家指导后，把问题概括为三个：一是研学目标不清（正因为目标不清，才导致教学观念停留在教知识层面，而不是培养核心素养层面）；二是实践研究浅层低效（教师讲授为主的教学方法，导致实践活动缺失、探究流于形式）；三是研学质量缺乏高度。三个问题聚焦研学课程，概括准确，层次分明，让后面的研究更有针对性。

能否找准问题，并表述清楚，是研究报告最基础的工作。因为研究方案后续内容的设计都建立在对问题的分析、诊断、解决上。因此，在对国家大政方针和学校教改实践分析的基础上，要找准问题，才能“对症下药”。

（二）目标与内容的常见问题与改进

1. 目标定位不准

研究目标可以从科研目标、育人目标和工作目标三方面进行表述。科研目标须紧扣课题题目来表述，通过研究，获得哪些理论提升，探寻到某种教育现象的规律、原理、原则，寻找到解决问题的某种方法、途径、技术、操作流程、实践措施等；育人目标落脚到研究对象，通过研究，要促进研究对象哪些素养的提升；工作目标针对研究团队，通过研究，在哪些方面的育人素养能够得到提升，也可以把联系紧密的学校特色发展目标纳入其中。研究目标是研究工作的“纲”，其定位直接影响未来的研究方向、研究重点、研究措施。

研究目标的常见问题是定位不准确，要么贪多求全或者盲目求高，要么谨小慎微目标过小，束缚手脚。比如为期一年的教师小课题“以小课题研究促进小学数学大概念提炼的行动研究”，其研究目标之一是通过研究，提炼出小学数学的“大概念”。这样的目标太大，不是小课题组能够在一年的时间内能完成的；而“双减之下学生分层作业的设计研究”仅仅把目标定位在课堂作业的分层设计上，显然与延时服务大环境不适宜，这种过小的目标会影响课题研究的意义和价值。

2. 内容概括不全

研究内容指向研究过程，它是研究工作的具体载体，是规划研究阶段任务的依据。常见问题是内容概括不全，没有包含实现研究目标的足够研究内容，导致开展研究工作时，出现缺失和遗漏。比如，很多研究都基于调研，那么进行哪些主题的调查研究也是研究内容之一，应该写清楚这项内容。研究后期要监测研究效果，也应该有相应的评价措施，评价指标、评价方法也应该列入研究内容里。

3. 目标与内容之间联系松散

目标与内容之间虽不要求一一对应，但每一条研究目标都应该能找到相应的研究内容与之对应，并且能看出这些研究内容与研究目标之间具有紧密相关性。

（三）界定核心概念的常见问题与改进

1. 抓取不准

抓取核心概念时，既要避免抓取过多，又要避免抓取过少。常见问题是抓取过少，有疏漏。有些课题的核心概念不仅包含在课题名称中，还可能隐藏在研究方案正文中。比如“利用微课提升小学数学预习效果的研究”，字面上的关键词有“微课”“预习效果”，但还有一个隐藏的核心概念“翻转教学”，它也需要予以界定。

2. 引用简单

由于很多概念都是专有名词，因此界定核心概念时，常见问题是简单引用某书、某专家学者的用语，失去课题组“界定”的意义。课题组应该立足该课题的具体情况，准确、简练地界定课题名称中的核心概念，赋予这些核心概念以“本土身份”。即使有一些核心概念，大家都约定俗成有了规范而严谨的界定，不能轻易改变，但也要在引用时，附上其在该课题中的具体释义。

（四）撰写预期成果的常见问题与改进

1. 缺少预期

预期成果预想得越明白，越能实现研究目标。但现实中老师们往往忽略对预期成果的畅想，认为那是研究后期的事情，随着研究的推进和深入，成果自然会出现。缺少预期的研究，容易导致研究偏离轨道、失了初心。

2. 含糊不清

预期成果是研究目标的具体体现，最能体现课题研究“以终为始”的研究策略。因此，在研究方案中，一定要把预期成果想深入、讲清楚、写具体。

第二节　开题指导

103. 如何指导教师进行教育科研课题的开题?

一、开放心态迎接开题

（一）开题是一场论证会

开题，是对课题研究现状、存在问题、研究目标和方法等的说明，是课题组对外宣布各项准备工作已经做好，研究即将正式开始的起始活动。课题组要以开放的心态接受专家、领导、同行、同事的意见和建议，善于汇聚大家的力量，一起论证课题的科学性和可行性。比如课题的研究目标是否清晰、研究内容是否恰当、研究方法是否适当、研究规划是否合理等等，这些内容都有必要在开题会上由各方进行讨论、论证，特别要认真聆听专家的建议。开题论证越细致、越深入，后期的研究就越有章法，越能取得良好的成效。因此，开题会是一场非常有必要、有价值的论证会。

（二）开题是一场培训会

开题也是一种培训。组织者要充分挖掘它的“培训”功能：一方面提升课题组老师的科研能力；另一方面让其他参与开题会的老师也有所收获。如果是学校龙头课题开题，一般要求全体老师参加，了解学校的科研方向，更新自己的教育教学观念；如果是德育类、学科/跨学科类课题，要求相关老师都要参加，让自己的工作紧跟团队研究主题的步伐；如果是教师个人小课题，也要尽可能邀请多学科教师参加，相互学习、交流、借鉴，共同成长。

（三）开题是一场“练兵”会

开题会对课题组是一次考验，也是一场“练兵”。负责人要统整全局，合理分工，更要把好开题会的质量关；核心成员要紧密配合，反复斟酌开题形式、流程，推敲开题报告，周密安排专家指导、课题组答辩、教师参与讨论等各项细节。对于现场汇报者来说，这更是一场综合考验：怎样在10分钟左右的时间内，简明扼要又不失生动地把开题报告表述清楚，使其有层次、有逻辑，让人想听、愿听、爱听，听了有收获、有思考、有建议，这需要汇报人和团队成员进行反复演练、细心打磨。在开题会现场，课题组成员与专家、同行的对话、交流，也要求抓住核心，课题组成员要善于提问、虚心请教。因此，开题是对课题组前期研究工作的审查和检阅，更是一次“练兵”，每个成员都可以通过开题得到锻炼和成长。

二、充分筹备效益最大

既然开题意义重大，那么怎样才能发挥好开题作为论证会、培训会、“练兵”会的作用呢？

（一）提前学习再提升

课题组要提前学习，参考优秀的开题报告示例，撰写好开题报告；可以向教师编发开题知识导读，帮助课题“小白”进行普适性学习；可以列出开题论证重点，让参加开题的人员提前关注，提前思考。总之，参加开题的成员在前期对课题了解得越多，思考得越深，开题现场的报告、对话、交流、指导就会越深入，开题成效就会越好。

（二）规范流程保效率

开题论证会要有仪式感，流程要规范，衔接要紧密，议题要聚焦。组织人员要提前沟通，做好人员分工和时间衔接工作，特别要给专家预留足够的时间。课题组要拟定开题工作流程，提前告知参会人员，确保开题会规范、严谨、流畅。

（三）多提问题促提升

开题论证的核心环节是开题报告和专家指导。开题报告展示的是课题组对课题的深入思考和课题组拟订的行动计划，专家指导才是课题组最关注、收获最多的环节。课题组准备向专家提哪些问题，要提前梳理好，既要“抓大”，又不能“放小”。问题多了没关系，有一些问题会随着开题会的推进自然得到解决，剩下还没有答案的问题，就在专家指导环节争取寻找到答案。

三、深刻领悟专家建议

一线教师有丰富的实践经验，但理论研究是弱项。借着开题论证的机会，要向有经验的教师虚心求教，尽可能多地领悟专家建议，把理论和实践更好地结合起来，推进后期的研究工作。为此，课题组要做好以下四件事：

（一）专注聆听，详细记录

专家的意见和建议往往高屋建瓴，含金量高，当场消化有难度。因此在开题会上要专注聆听，做好详细记录，必要时征得专家同意后，进行录音，以备复习整理。如果有多位专家指导，就要分开记录每位专家的指导意见，后续可以结合专家的论著来加深对专家建议的理解。

（二）核心问题，深度探寻

课题组提前梳理出拟向专家请教的核心问题，当专家解答该问题时，要和专家进行对话，追问自己不明白的地方，争取专家深度的解读。

（三）细枝末节，切莫放过

专家提到的一些细节容易被忽略。课题组成员要具有敏感性，对于任何不甚明了的细节，切莫轻易略过，要虚心请教。专家哪怕一句简单的解读，可能就会带给课题组很大的启发。专注细节，才能把课题做得深入。

（四）理论短板，会后钻研

专家提到的一些观点、理念，如果是课题组的理论短板，则要标注为重点，后续再寻找书籍、期刊等资源进行钻研。专家的论文、专著以及由此延伸的相关论著是理解专家建议最好的材料，要广泛涉猎，认真学习。

104. 如何指导教师撰写开题报告？

开题报告是课题研究的“施工蓝图”。绘制这份蓝图时，除了要精心打磨各处细节外，还要注意从整体上说明这份蓝图的必要性，提升其感召力、专业性和可行性。

一、说明“蓝图”的必要性

为什么要进行这项研究？要回应教育改革的哪些要求？想解决教育实践中遇到的什么问题？这是开启该项课题研究的“因”，是课题组要想清楚、弄明白的首要问题，也是专家考核时，首先要课题组明确回答的问题。因此，开题报告必须通过研究背景、问题提出，充分说明开展这项研究的必要性。

二、提升“蓝图”的感召力

一份施工蓝图要能让施工者看到工程竣工后的美好景象，才能激发施工者强烈的施工愿望。一份好的开题报告，也要能描绘出课题研究结束时的美好图景，提升这份“蓝图”的感召力，激励大家开启一段美好的研究旅程。因此，不妨从开题报告的“研究成效”入手，乐观、客观地展望课题结题时，学生、教师将会获得哪些成长，取得哪些成果，提升哪些能力，涵养哪些素养，学校也会因此提升哪些质量、凸显哪些特色，以此激励、感召课题组甚至更多教师参与到研究中来。

三、体现“蓝图”的专业性

开题报告越“专业”，可信度越高，越能吸引更多研究的力量。怎么体现开题报告的专业性呢？首先是行文规范：没有错别字，卷面整洁美观，格式规范。然后是文笔功夫：文字言简意赅，图表清晰准确，语言准确严谨，给人的阅读感好。最后是逻辑性强：整个报告前后一致、连贯、富有逻辑。

四、论证“蓝图”的可行性

一份“蓝图”要落地，离不开实事求是的可行性分析。问题分析是否客观准确，研究综述是否有理有据，研究目标是否明确清晰，研究内容是否详细具体，研究方法是否切实可行，阶段划分是否科学合理，人力财力是否充足，预估困难是否有了解决的思路……说理要明确，论证要严谨。总之，开题报告论证的可行性越强，越能增强研究团队的信心。

105. 课题开题论证会上如何点评？

如果你作为一位“专家”被邀请参加课题开题论证会，怎么点评才能具有“专业范儿”，又不失指导意义呢？

一、明确点评目的

（一）鼓励为主，激励前行

一线教师做科研面临时间、精力、经验等诸多考验，因此，点评之前要定位：点评目的在于肯定、鼓励和激励。肯定老师前期做的准备工作，肯定研究的意义和价值，展望研究目标的实现对教育教学改革所做的贡献，鼓励老师继续前行。

（二）客观评价，助推改进

鼓励为主不是一味肯定，点评要保持客观公正，才能有利于课题组的改进。对于不足，要温和而中肯地提出来，做到知无不言，言无不尽；对于课题组还没有预估到的困难，要指出来，帮助课题组未雨绸缪；对于课题组暂时欠缺的理论短板，要提醒到位，可以列学习清单，供课题组参考学习。

二、抓住点评重点

一份完整的开题报告，各方面的问题都会阐述，如果面面俱到地进行点评，反而让课题组抓不住重点。因此，要站在课题组的角度，思考课题组把研究的问题搞清楚没有，研究的重点是什么，创新在何处，课题组还存在哪些困难，等等。建议从以下几方面进行审核，然后抓住其中具有突出问题的部分进行点评，有的放矢，直指要害（如图6-1）：

1.研究意义和价值可否提高
2.研究目标是否清晰、明确
3.研究内容是否全面、准确
4.关键词界定是否科学、规范
5.理论依据是否恰当、熟悉
6.文献综述是否有综有述
7.研究方法是否恰当、具体
8.研究阶段是否任务清晰
9.预期成果是否提前规划
10.研究保障是否考虑周全

图6–1　开题报告审核要点

三、把握点评技巧

（一）指出问题并附上建议

提出一个问题，最好能附上相应的改进建议，这是一线教师最欢迎的点评方式。即使暂时没有想到好的建议，也尽可能给教师提供一份参考书目，或者类似案例，让老师知道寻求解决办法的方向和路径。

（二）立足基础并拔高要求

点评时，既要大致评估课题组的研究基础和研究能力，据此提出建议，又要用发展的眼光，对课题组提出拔高的要求。更高的要求和期望，正是课题组提升研究能力的催化剂。

（三）面对现实鼓舞士气

开题阶段找的问题越多，越利于后续的研究。但对于一线教师来说，看到自己做了那么多准备工作，在开题阶段还是有大大小小如此多的问题，难免心灰意懒。因此，在点评的最后，要善于用激励的话语，热情洋溢地激励课题组，坚定信心，砥砺前行，祝他们的研究目标终能实现。

第三节 过程指导

106. 如何指导教师进行课题过程研究?

课题研究的过程，是实施课题研究的关键。一个高水平的研究成果，必定有科学、规范的研究过程。然而，在研究过程中，由于缺少外在督促与指导，老师很容易忽视课题研究过程的科学性、规范性，影响研究的有效性和真实性。研究过程中常见的问题有：

重视申报立项、轻过程研究。现实中，由于在立项环节有竞争，教师很重视申报课题，但立项后没有进行扎实研究，随意组织，甚至停步不前。这样就使得课题只有“两头”没“中间”，缺乏坚实的研究过程。

过程中研究思路不清晰。思路不清的原因有多种：有的是因为选题随意，甚至脱离教学实际，导致研究无从下手；有的是在开题论证过程中，没有想清楚、想明白具体的路线，盲目上马，导致研究无法推进。指导中要根据实际情况提出针对性建议。

过程中缺乏成果意识。在研究活动中，缺少目标（成果）导向，为活动而活动，不注重研究过程中对阶段性成果的收集和整理。到头来，活动开展了，成果还是没有出来。

针对老师们在研究过程中出现的这些常见问题，可以从以下方面进行指导，让过程性研究更到位、更有效。

一、从研究方法的角度指导

研究方法是指在研究中发现新现象、新事物或提出新理论、新观点，揭示事物内在规律的工具和手段，是运用智慧进行科学思维的技巧，一般包括文献调查法、观察法、思辨法、行为研究法、历史研究法、概念分析法、比较研究法等。在指导中，可以从以下角度进行评价：

（一）研究方法是否规范

在课题研究方案中，其实都有对研究方法的规划设计，都有对其的罗列和表述。研究方法怎么填写不是问题，在信息时代，相关的资料随手可得。但在课题研究实施过程中，方法常常缺乏规范性。许多人觉得自己不知道如何运用研究方法，是因为未按规范使用研究方法。规范使用研究方法，是课题研究的一个非常重要的任务。

（二）研究方法是否符合课题需要

研究方法本身并没有优劣之分，选择研究方法时，要遵循“综合考虑，合适的就是最好的”原则，并追求方法对于特定问题的适切性。在方法指导时，要引领研究团队依据课题研究目的，结合研究条件，选择合适方法，并注重方法互补。

方法的使用往往是多方法综合进行的。比如，实验研究首先要考虑的是运用观察法和实验法，获得相关数据后，再借助数学方法、统计方法对数据进行加工整理，最后再分析数据，通过模型法、比较法等提出一个科学结论。再如，在调查研究的具体实践研究中，通常会用到抽样调查法、访谈法、问卷法等来进行相关调查，获得相关资料，然后利用统计方法、分类方法等对数据进行处理，最后借助数学方法推出模型或得出实质性的结论。

二、从研究思路的角度指导

研究思路是就整个课题的研究实施而言的，是课题申报者对研究的整体规划，即研究者要清楚这项研究打算怎么做，做好能得到什么。研究思路要明确清晰，有条理性，注重内在的逻辑。

在评判一项研究的思路是否清晰可行时，可从以下两个方面思考：一是研究行动能否达成目的。课题组所采用的行动是否与研究目标相关联，是否能促成研究成果的获得。二是研究行动能否破解前面提出的研究问题。思路就是在问题与答案（成果）之间建立桥梁。研究行为要紧紧地把握住课题的问题，以破解问题为起点，同时也将其作为终点，这样就不会偏离课题研究方向。

三、从成果总结的角度指导

科研成果来源于问题，生成于过程。在研究中如果不注重过程性成果的积累，后面的成果提炼就会变成难题，成果质量也会大打折扣。在研究过程指导中，要从以下方面提醒课题组去思考：

（一）成果意识贯穿研究始终

在研究中，要把总结提炼作为活动的落脚点。要注意引导教师们按计划对整个研究过程进行分析总结，提炼经验。鼓励研究者把自己对问题的认识、活动的体验和感悟写出来与同伴交流；把印象深刻的案例记录下来，用新理论加以剖析，与同事共享。课题组在设计组织研究活动时，就要明确规定总结提炼工作，约定完成任务的时间节点，促进参研老师把经验成果总结出来。

对于参研老师上报的材料，课题组要及时进行筛选，提炼有价值的材料，为后面课题成果形成作支撑。只要课题组具备成果意识，研究过程中的点滴闪光点都可能被捕捉到，任何形式的研究内容或者活动，都有可以成为最后成果的支撑材料。如：准备阶段中形成的文献综述、调查报告和论证报告等；又如，实施阶段中的优秀的“教育案例”“重要活动的纪实”“某方面工作的经验总结”“教育论文”等。

（二）规范过程性资料的积累

研究资料的积累和管理，对课题研究来说至关重要。因为研究资料不仅对研究过程的实施有纪实和指导作用，还是研究的总结阶段不可或缺的材料，是课题研究收获最终成果的重要依据。在过程指导中，要提醒课题组规范收集、整理过程性资料，为以后的课题成果总结提炼丰富、坚实的基础性素材。课题研究的阶段成果是指在研究过程中获得的带有过程性的研究成果。

107. 如何指导教师搜集整理过程性资料?

过程性资料是指课题研究过程中所产生的各类资料，是科研课题研究的重要组成部分，是做好课题研究的前提和保障。如实地记载一个课题从策划、立项、研究到最后结题的全过程，不仅能为课题成果提供佐证材料，还是开展科研工作的保证。事实上，课题研究的全过程都需要资料的搜集和整理。

首先，评判课题组的资料类型是否齐全，引导课题组对资料进行恰当归类。资料的归类方法有很多种，一般可把课题资料分为：基础性资料、计划性资料、过程性资料、专题性资料、效果性资料、成果性资料六大类。

过程性资料是课题研究过程中产生的各类资料，它也是课题研究过程中的关键性资料。搜集和整理的过程同时也是记录课题研究的过程，这为下一步课题论证和结题阶段打下了坚实的基础，让课题研究变得更有价值，更有实效。

过程性资料大致包括以下内容：

（1）各学年课题研究进展报告。

（2）每一阶段重要的活动记录材料或阶段成果记录（包括研讨、交流、展示、发表或社会反响方面的内容）。

（3）中期总结报告或检查材料（对研究过程进行阶段回顾和总结的各种情况记录）。

（4）有关领导、专家及上级教育科研人员的咨询活动记录、听课记录等。

（5）研究过程中对研究对象的全部观察记录、调查材料、测验统计等。

（6）研究过程中各阶段的教学设计、研究方法设计、检测评价试卷、问卷及检测所得的一些数据资料。

（7）研究中异常情况、遇到的问题及解决办法的记录。

（8）典型实验课纪实、教案、个案、课件、录像、课后分析研究等。

（9）参与课题研究人员的记录、随笔。

（10）研究过程中自制和引进的文字教材、音像教材、电教软件及其他教学材料。

（11）与课题研究有关的活动的文字、照片、录像、光碟、录音等记录资料。

（12）研究过程的大事记。

其次，要评判课题组在资料收集中是否具备成果意识，引导课题组从资料中思考成果的内容与形态。

课题资料不只是证明课题研究的过程，反映课题研究轨迹，更重要的价值在于为课题成果总结提炼服务。课题组要通过资料收集工作及时积累课题研究过程中取得的成果。一方面是研究成效的反映。学生由于教师对其施加了研究变量，学生在认知、技能和情感等方面发生了变化，教师可通过观察、比较和测量这些变化得出一些评价结论；也可通过一些统计数据来说明学生学业成绩和情感态度方面的变化成效。另外，学生团体和个体在学科竞赛和特长比赛中取得的奖次和各级各类参赛评比的奖励，也可作为课题研究成效的体现。这些都应及时收集、归档，作为今后课题结题时，课题研究所取得的成果的重要凭证。另一方面是典型案例的筛选，思考材料在研究中的价值，为后面结题报告积累素材。课题研究中的典型案例可以多种形式呈现，不仅是活动事件的表述，还可以包括课题研究实践中的教案、说课稿、课件及活动课设计等材料。研究者要主动从收集到的案例中寻找与课题密切相关的要素，思考其是否体现课题研究的主要精神实质。作为研究性材料，教案、说课稿或活动设计除了按规定的要求撰写外，最好是在每一环节中加入与课题研究点相关的思考与点评。这样的材料才能体现教师课题研究意识，也能促使教师理论联系实际。

108. 如何指导教师撰写中期报告?

科研中期报告是指课题从开始研究到中期时，向科研管理部门汇报课题工作进展情况的书面材料。它不但是对课题所开展工作的全方位总结，而且也是课题研究的一项重要成果。一项课题经过一段较长时间的研究之后，积累了一些研究素材，解决了一些实际问题，当然也会遇到一些困惑或问题，这就需要课题组成员召开中期研讨会，对课题进行再次梳理和总结，即撰写中期报告。

在实践中，教师们撰写的课题研究中期报告存在的主要问题是：与研究方案雷同，或完全按研究结题报告格式来写。

在指导课题组撰写中期报告时，可从以下方面入手：

一、审视课题组是否能区分中期报告与研究方案、结题报告的关系

如果课题组能分清楚这三者的关系，那么就具有撰写的基础了。三者之间既有关联，又有区别。研究方案在前，中期报告在中，结题报告在后。

中期报告是在研究方案的基础上生长起来的。研究方案是撰写成果报告的基础，研究方案需要详尽地预设出课题的工作和研究的全过程。研究方案以研究内容为主，详细阐明研究什么、怎样研究、研究过程中得出什么样的预期结论或效果、研究过程中生成什么样的资源等。中期报告侧重研究中的过程性、阶段性成果的收集和整理，要为下一步研究辨明方向，奠定推进的基础。和研

究方案相比，必须要有研究的过程，就是这一阶段的我们做了什么，一定要有这一年研究活动的总结。同时，也要体现这一阶段研究成果。结题报告是对整个课题研究过程的总结描述，要用全面系统思维来定义整个课题的成果，更侧重结构化、体系化的表达。

二、审视中期报告的文本结构与特有内容

中期报告是阶段性的工作梳理与成果提炼。在研究目标、研究任务的表述中，要增加阶段目标与阶段任务说明。在成果梳理之后，还要有下一步的思考与打算。中期报告要体现的是过程性与阶段性。需要简单介绍课题研究过程中的完成情况，重点体现实施阶段中这一年的阶段任务是什么？包括研究内容的进展、阶段性成果的形成、研究问题的阐述等，都需要简要介绍。

三、审视中期报告的论证重点是否恰当

中期报告重点是对前面工作的总结提炼。因此，前期工作与研究成果是论证的重点。高质量的中期报告，通过对前一阶段的总结提炼，要把最终成果的雏形梳理出来，通过对当前问题与不足的审视，把后期研究目标与任务重点进行规划。

特别需要强调的是，中期报告是研究过程性的体现，因此更加注重本阶段研究的内容表达。论证重点一定是本阶段的重点任务与获得的成果。在撰写过程中，原来研究方案中的研究问题、文献综述、理论依据不能照搬到中期报告中，要进行精要简述。文本要求把表述的重点放在本阶段时间内具体做的事，又总结出了哪些成效，以及存在的问题和下一步的打算。

此外，中期报告要对课题研究的目标、内容进行修改与完善，课题实施方案中内容的调整与补充、实验方法的使用与人员分工的调整等方面要进行相应的说明。

课题研究过程中肯定会遇到各种问题与困惑，因此中期报告需要对这些问题与困惑进行梳理。重点是要把课题研究不足、待完成的任务进行规划设计，制定下一步的行动方案。

第四节　结题指导

109. 如何指导教师进行教育科研课题结题准备？

课题结题是课题研究工作的总结，也是课题研究管理的逻辑终点。课题结题工作涉及管理部门与课题组双边的工作。课题组应做好相应的结题准备工作。在指导课题组进行结题准备时，可从以下方面入手：

一、指导准备结题所需资料

课题结题首先要按照要求准备好以下结题资料（以成都市教育科研课题结题鉴定提交资料为例）：

（1）《成都市教育科研课题结题申请书》。

（2）《成都市教育科研课题成果鉴定书》。

（3）《成都市教育科研课题研究报告》（结题报告）。

（4）重大变更申请。

如果课题名称、课题研究内容有重大调整，课题负责单位、课题负责人、课题主研人员、结题时间等有变化，则应提交重大变更申请，并作出详细变更说明。此外，还应准备能反映研究过程、研究成果及研究成效的印证材料。在准备印证材料时，应注意按照时间顺序、材料的重要性进行分类、分层整理，将所有的印证材料按照目录汇编成书的形式提交上去。

二、指导结题核心材料的撰写

上述四项资料中，成果鉴定书及研究报告是核心材料，这两项材料能反映研究过程和研究结果。成果鉴定书要呈现成果简要说明，简要说明所取得的主要理论与技术成果、该成果的教育教学效果及社会影响以及成果适用的条件、应用的前景、局限及有待深化的问题。成果鉴定书的内容反映的是课题研究的成果（包括认识性成果、操作性成果、物化成果）及取得的研究效果、研究成果的推广、研究成果存在的不足之处。

成果鉴定书与研究报告存在一定的联系，成果鉴定书呈现的是研究报告中的核心内容，即研究成果、研究成效及研究的问题，且成果鉴定书的内容应高度提炼。研究报告撰写的注意事项参见下一个问题“如何指导教师撰写结题报告”。

三、指导选择合适的结题鉴定方式

将所有结题资料准备齐全之后，按照教育科研主管部门的要求提交资料，等待主管部门的审核，审核通过之后由主管部门组织专家进行课题结题鉴定。结题鉴定主要有两种方式：一是通讯结题鉴定；二是会议结题鉴定。在指导课题结题鉴定方式的选择上，要根据课题组需要及学校的实际情况进行。

不同的结题鉴定方式所要准备的组织工作不同，当然其作用也有差别。通讯结题鉴定方式的准备重点在于文本材料的质量，这是因为专家主要是依据文本材料进行评审。会议结题鉴定通过课题组与专家互动，对研究过程及成效可以更深入的了解，双方在交流互动中还会产生更多的思路与对下一步研究的建议。因此，会议结题鉴定同时具有课题学术研讨会的功能。

通讯结题鉴定一般是由科研管理部门通过电子通信的方式与评审鉴定组成员联络，评审组鉴定成员根据结题鉴定相关资料写出书面结题鉴定意见，评审鉴定组组长将本组成员的意见归纳综合成鉴定意见，然后通过通讯的方式将鉴定意见反馈给科研主管部门。目前成都市中小学教育科研课题一般采用的是通讯结题鉴定的方式。

现场结题鉴定主要是通过会议的方式进行。首先，课题组对课题的研究方案、研究过程、研究成果、研究效果及不足之处进行汇报；接着，由评审鉴定组成员对课题组提问，课题组成员进行答辩；接着评审鉴定组组长组织评审组成员讨论并形成书面结题鉴定意见，并向课题组宣读鉴定意见；最后，由课题负责人对结题鉴定意见进行表态。现场结题鉴定需要课题组所在学校做好结题鉴定会议现场的相关安排，包括场地安排、结题鉴定纸质资料准备、组织协调人员等方面。因现场结题课题组需要答辩，因此会场应布置成便于评审鉴定组成员与课题组成员进行面对面沟通交流的场地，例如八字形或U字形。纸质资料应准备齐全，评审组成员每人一份。主持人及现场后勤服务人员也应提前安排好工作，做好结题鉴定会议的组织协调工作。

通讯结题鉴定与现场结题鉴定只是结题鉴定的方式不同。无论是哪种结题鉴定方式，课题组均应按照结题要求做好全面的准备，尤其是结题核心材料的撰写，以便课题能顺利通过结题鉴定。

110. 如何指导教师撰写结题报告？

结题报告是课题研究结束后形成的书面报告，是反映课题研究过程和结果的书面材料。结题报告作为专家评审或鉴定的重要依据，应便于研究者与他人进行学术交流，便于他人推广和应用研究成果。结题报告的质量能反映出该课题研究的真实水平，因此撰写一份优质的结题报告对课题研究而言具有举足轻重的作用。

一、撰写结题报告常见的误区

（一）结构不严谨及表述不规范

比较常见的问题是结题报告结构不完整、松散不严密，缺乏一条主线，像一盘散沙，读者阅读之后不知所云。另外，行文表述不规范也是最常见的问题之一，主要体现在感性表达、思维发散、缺少逻辑、夸张表达四个方面。在行文表述上应简洁直白、思维有序、有内在逻辑、理性表达。

（二）逻辑关系不清晰

结题报告从题目、研究背景、研究目标、研究内容、研究过程到研究成果及研究效果，各个环节之间存在着紧密的逻辑关系。比较常见的问题是研究目标、研究内容与研究题目之间逻辑关系不紧密，研究过程与研究内容脱节，研究过程无法支撑研究成果等。

（三）研究成果提炼不足

研究成果是结题报告的核心。比较常见的现象是成果报告只是材料的堆积，没有从整堆的材料中提炼出成果的核心要义，犹如一盘散乱的珍珠，没有形成一串漂亮的珍珠项链。究其原因是缺乏成果提炼的重要思维。

（四）理论与实践分离

理论与实践分离，比较常见的现象是无案例支撑、无剪辑取舍、无解读说明、无主次详略。在材料的选择上应注意事实典型性、案例科学性，研究过程应注意正反论证、注重实事求是，不夸大其词，尊重事实，通过正反论证让立论站得住脚。

（五）过程与结果混淆

比较常见的现象是研究过程写完了，研究成果没有内容可写。应该理清过程与结果之间的区别。首先，过程与成果的重点不同，过程是工作层面的表述，重在活动过程；成果是形成的结论，重在案例证明观点。其次，过程与成果呈现的形式不同，过程重在如实，把研究过程如实呈现即可；成果重在提炼，研究成果需要通过抽象思维进行提炼。

二、提升结题报告质量的路径

针对上述问题，可从以下三个方面来提升结题报告的质量：

（一）明晰结题报告的主线及重点

首先，应明晰结题报告在整个课题研究中的重要作用。一项课题研究要经过选题、查阅文献及初步调查、制订研究计划、组织开展研究活动、收集整理资料、分析研究、撰写结题报告、结题鉴定等环节，结题报告直接关系到课题能否顺利结题。结题报告是表述课题研究成果的主要形式，结题报告的内容主要围绕为什么、做什么、怎么做、什么成果、效果怎样这几个方面来写。研究始于问题，研究目的是为了解决问题，研究过程是为了寻找解决办法，研究成果是解决问题的方法，研究成效是问题解决的效果，因此串联这五者的主线是核心问题及对策。如果把这五个方面比作五颗珍珠，则把它们串联起来的线就是核心问题及对策。

其次，我们应该明白撰写研究报告的目的是科学地总结自己所进行的研究工作，反映研究结果，向教育界和社会提供教育科学研究的信息，以丰富教育理论和推动教育实际工作。因此，研究过程、研究成果与研究效果是结题报告撰写的重点。

明晰结题报告的主线及重点，能避免陷入结构不严谨、表述不规范、逻辑不清晰、过程与结果混淆等误区。

（二）厘清结题报告撰写思路

厘清思路是撰写结题报告的首要工作。结题报告可沿着以下步骤来进行：一是提炼主题、二是选择材料、三是拟定提纲、四是撰写报告、五是修改文本。提炼主题是第一步，结题报告的所有内容都是围绕主题来撰写的。明确主题之后，应有目的地选择科学的、典型的案例材料。接着是拟定结题报告的提纲，提纲是结题报告的骨架，也是设计图。写作提纲分为条目提纲和观点提纲，条目提纲就是从层次上列出论文的目录，观点提纲是在此基础上列出各部分要叙述的观点。撰写提纲时可先列粗略提纲，后面再根据内容进行详细补充。接着根据提纲撰写报告，众所周知，好文章是“修改”出来的，因此在撰写好初稿之后，应通过反复推敲、修改文稿，尤其注意逻辑关系的表达，最后对文本进行润色定稿。

（三）注意成果梳理思维方式的运用

成果提炼不足是因为成果梳理思维方式欠缺。我们可运用分类、分层、分步、比较的思维方式来梳理成果。研究成果提炼的操作性策略有以下几个步骤：

第一步：按时间顺序分步、分类梳理所有的研究过程性资料；

第二步：分类、比较过程性资料，合并过程性资料的同类项，对研究资料形成整体认知；

第三步：对分类整理后的过程性资料进行分析，分别整理出认识类成果、操作类成果或技术类成果、物化成果对不同的成果进行分层处理；

第四步：分析、比较每类成果的共性和本质特征，为成果的提炼和命名提供思路；

第五步：初步建立成果的整体框架认知，确定研究成果的核心理念和基本主张；

第六步：梳理成果框架图，分析成果要素之间的逻辑关系；

第七步：撰写研究成果的写作提纲，确定成果表达的形式和写作风格。

111. 课题结题会议上如何点评？

点评的内容可围绕课题选题的方向及价值、研究过程、研究方法、研究成果及研究成效等方面来进行（点评维度可参见问题112如何进行课题结题鉴定）。点评时，首先肯定课题组在上述几方面具有的优点及取得的成果，接着应对课题研究的不足之处提出可行性的建议。如果该课题研究非常完善，则可启发课题组思考下一步研究的方向。值得注意的是，因为是课题结题鉴定，点评的目的是为了帮助课题组提升研究成果的质量，因此点评应基于已有的研究成果，侧重帮助课题组梳理及提炼研究成果（包括认识性成果及操作性成果），使研究成果的品质“更上一层楼”。以下列举课题“基于深度学习的幼儿园户外区域游戏实践研究”结题现场点评意见供大家学习。

“基于深度学习的幼儿园户外区域游戏实践研究”结题现场点评意见

一、选题具现实需求，有较强针对性与迫切性，问题有普遍性，贴近幼儿成长需要

本课题基于调查分析，对幼儿户外区域游戏流于游戏形式、教师施教能力弱的现实进行主动思考与积极变革，对现状的具体现象进行归因，从深度学习的维度进行深入剖析，找到研究的现实基础与问题症结（体验、交往、思考方面缺深度）。基于《3~6岁儿童学习与发展指南》确定本课题研究方向。因此，本课题贴近幼儿发展实际，满足幼儿园教育需求，问题解决具针对性，手段具适切性。这一研究选题具有现实针对性，思路具可操作性，充分体现了幼儿园在教育改革发展中的生本意识。

二、课题研究过程真实，方法选用恰当，体现研究的规范性

课题组选择了调查法、文献法、观察法、经验总结法实施研究，以行动研究的思路推进研究。通过研究，对推进途径与实施策略方面进行重点研究，课题组开发了活动方案，精选了典型案例形成活动案例集、方案集、课程故事集、论文集。从课题组提供的佐证材料看，课题组组织了较丰富的研究活动。所提供的材料能反映课题研究实施情况。因此，本课题研究是真实、扎实的。

三、课题研究成果具有深入的思考、系统性的总结，具有指导性与操作性

课题组通过研究，进一步理解了深度学习对于幼儿发展的价值与意义，总结归纳出幼儿深度学习的内涵与特征，并分六大区域细化了深度学习的行为表征，这些认识对教师在户外组织开展游戏活动、提升活动品质具有较强的指导作用。

在操作层面，课题组总结出了幼儿户外活动的游戏组织实施模式、学习活动流程、教师指导活动流程、四个策略，这些成果为教师在户外游戏活动中观察、支持、评价幼儿的学习行为提供了便利，形成了户外活动地图，积累了活动案例集，为户外区域游戏中促进幼儿深度学习提供了思考内容与改革工具，有可操作的经验总结，有比较系统的理性思考，具借鉴学习的价值。

在研究实效上，通过研究，有效提高了幼儿在户外活动中的参与度，对现实的思考力度，能用多种方式参与到活动中，收获多方面的活动体验，能深入地思考，在合作中成长。教师在研究中生成了较多的有品质的论文，提供多次交流展示活动，从中可见，教师形成了较为科学的育儿观，形成了指导幼儿深度学习的正确方法和策略。因此，本课题研究在教育现实活动中起到了促进作用。

为了提升研究成果的质量，可从以下几个方面进行思考：

首先，把深度学习理念深入于实践中，将其用于案例分析、成果梳理，目前这两者还有分离现象。

其次，进一步梳理认识性成果，建立幼儿深度学习模型与机制：一是从问题驱动到问题解决是幼儿深度学习的核心过程；二是真实问题与经验唤醒是幼儿深度学习的诱发机制；三是“切身体验—互助交往—思维参与”是幼儿深度学习的维持机制；四是计划引导和激励评价是幼儿深度学习的促进机制。

112. 如何进行课题结题鉴定？

首先，课题评审鉴定意见应从选题的价值及意义、研究过程的真实性、研究方法的合理性、成果的价值及特点、成果的创新性及实用性、取得的教育教学改革成效等方面作出客观、公正、科学、合理的评价。其次，表明是否同意结题，最后提出成果不足之处及相应改进建议等。

一、对选题的价值及意义进行判断

选题方向是否明确，是否符合当前教育教学改革的趋势，是否切合学校教学改革发展诉求，是否具有学科针对性，是否满足学生发展需求，是否具有理论价值和现实意义。

二、对研究过程及研究方法进行认定

从研究计划是否合理、研究思路是否清晰、研究阶段的推进是否扎实、研

究过程资料的收集等方面评判研究过程。对课题的研究方法是否符合课题研究的目标及内容、研究方法是否科学合理等方面进行认定。

三、对成果成效进行鉴定

对研究成果本身的特点、研究成果的应用价值、研究成果的创新性、研究成果的可操作性、研究成果的可借鉴性等方面进行鉴定。

对研究的成效进行评价。对学生的发展、教师的成长、学校的效益及社会效果等方面进行客观评价。

为了让大家更加明晰如何进行课题结题鉴定，本文列举课题“国际理解视野下的小学英语主题式活动开发与实践研究”结题鉴定意见供大家学习。

“国际理解视野下的小学英语主题式活动开发与实践研究”

课题结题评审鉴定意见

通过审阅成都高新区××小学课题组提交的区级规划课题“国际理解视野下的小学英语主题式活动开发与实践研究”的结题材料，本人对该课题形成以下意见：

一、课题选题契合学科特点，满足学生素养发展需求，贴近学校教学现实追求

基于英语学科渗透国际理解教育，促进学生文化理解力提升体现了学科育人的价值追求。课题组基于此，分析了学校教学中存在的文化理解能力弱、学习形式单一、内涵理解缺乏深度的问题，拟用主题式活动进行变革。以主题式活动为载体促进学生的文化理解力提升，符合文化理解这一教育目的特点与需求。因此，本课题选题契合学科特点，彰显育人需求，具研究与改革价值。

二、课题研究过程扎实，方法选用合理，措施落实有效

本课题采用了文献法、调查法、观察法、案例对比法进行研究，以行动研究的思路组织开展研究活动。研究思路清晰，从整体上对开发与实施进行了合理架构。通过研究，课题组形成了研究活动案例集、工具、量规等过程性资料集，为课题研究提供了较为丰富的案例支撑。从课题组提供的佐证材料看，课题组按研究方案计划组织了研究活动，按阶段实施了研究工作。所提供的材料能支撑课题研究成果的形成。

三、研究成果具体系化，具有指导性、可借鉴性

课题组通过研究，在英语学科中渗透国际理解教育方面具有较深刻的实践认识，基于主题活动，对文化理解力在国际理解教育中的价值与功能有较为准确的定位，形成了对能力进阶化、内容时政化、路径高阶化进行开发与实施的观点。在操作层面，基于实践案例，形成了“Double–APlan”即“两行动五步走”国际理解教育主题式活动开发与实施路径；“MVTS”国际理解教育主题式活动策略；“ODIA”即“主题式活动目标（Objective）、主题式活动开发（Development）、主题式活动实施（Implementation）、主题式活动测评方案（Assessment）”国际理解教育主题式活动操作模型；以及“活动中—活动后促进式评价”方式。这些路径、策略、模型、评价方式对组织实施主题式活动具有较强的实践指导作用。从研究成效上看，课题组通过研究，对学生的文化理解力有较好促进作用，对教师教学能力也有较好的提升作用。

综上，本人同意该课题结题。

建议：

1. 课题报告中，对成果描述环节缺少实例支撑，理论化过强。理论指导实践的作用没有充分体现出来。

2. 课题总结了操作层面的经验，但是这些做法在体现前面问题的解决、对学生文化理解力提升这个核心目标时的支撑性论述不够。

3. 在案例材料（佐证材料）的选材上，要注意研究范围，是英语学科中实施，要充分体现研究的过程性。

113. 什么是教育科研成果？

教育科研成果是教育科研人员（一线教师或教育管理者）运用教育或其他学科领域的理论知识，在对相关资料进行大量学习、分析的前提下，在对现有情况进行广泛深入的调查研究和科学实验的基础上，运用科学的方法，经过创造性的智力加工和反复实践而得出的具有一定教育理论价值或对教育实践（教育教学与教育管理工作）具有实际意义的知识型产品。

教育科研成果具有四个特点：

第一，能解释和解决教育教学相关问题。

第二，符合教育规律，且有学理支撑。

第三，具有原创性。

第四，具有推广价值。

一个好的教育科研成果，要能反映教育教学的重点、难点问题，基于区域、学校、学科的研究基础和优势资源，在实践中既做得扎实有效，又能提炼到位；既反映理论突破，又有实践创新；既能适合本地实际，又能推广应用，最终改进教育教学，促进学生全面发展。

教师在做教育科研时，根据成果所发挥的作用不同，可以将教育科研成果分为三种类型：认识性成果、操作性成果、物化成果。

课题研究成果的总结与提炼，是一个对各种材料、事实、数据不断概括、提升的过程，超越描述现象与罗列事实，实现理论升华，既有对教育现象的认识，又有对教育规律的揭示，使其具有客观性、规律性、创造性与推广性。

114. 如何提炼认识性成果？

认识性成果是纯观念形态的成果，主要反映的是研究者对所研究问题的本质的认识和把握、对研究问题的内部诸因素关系与规律的揭示。例如对教育的本质、学习的本质的探讨等属于这类形态成果，我们不能将它们直接地用于教育实践，但可以作为制订相关教学方法和策略的思想依据。

在教育研究过程中对现状进行归因研究时的理性分析，提出的新判断、新思想、新理论，创立的新观点和新见解，发现的新事实、新规律，或对原有的事实做出了新的解释等都是认识性成果。

认识性成果主要是以文字作为表达形式，最终形式如研究报告、学术论文、著作等。

提炼认识性成果首先要具有严谨的科学态度，准确、恰当地反映科研成果；其次要具有严密的逻辑思维，逻辑性是报告和论文的最起码要求；最后是严格的语言规范，必须使用规范的学术语言，使其具有朴实的文风。

但即使是有态度、有思维、讲规范，很多老师也常常感觉在提炼认识性成果时不太好找准发力点，一方面可能是自身知识积淀不够深厚，对研究资料进行理论加工，缺乏必要的知识储备；另一方面也可能是研究还不够扎实深入，还没有走到顿悟的境地。必须强调，不经过认真的研究实践，认识性成果是不会形成的。但是深入研究之后，也不必把成果提炼看得过于深奥，要相信自己的能力。

我们可以从这些时机中寻找提炼认识性成果的灵感。第一种时机是研究开展之前的文献查阅学习过程，认真研读文献材料，做好文献综述，能在总结前人认识的基础上闪现灵感。第二种时机是研究开展之中的全心投入阶段，随着研究工作的不断深入，可能就有新的认识突破。

在“中小学教育科研成果的理论加工与提炼”一文中，许佳告诉我们认识性成果提炼的具体方法有两种，说得非常好。

一、演绎式提炼

从现有的被人们普遍认可的概念、命题或理论体系出发，利用原始资料对这些理论进行逻辑论证，然后在证实或证伪基础上进行部分内容的创新。其方式有多种，如：①已有的研究资料不详，认识不够深入，本研究对其作出的补充和发展；②已有的研究认识有偏差，本研究作出的修订和补充。例如《论普通学校的教学目的》，该研究首先指出“教学任务”基本提法的局限性：忽视系统分析的描述性要素，混淆教学“任务”的特殊性和一般性，把教学与智力等同起来，互相取代。然后分析了“教学目的理论”，在此基础上，提出了普通学校教学目的的一种新的表述。

二、归纳式提炼

从第一手过程性资料出发，通过归纳分析，逐步产生理论。这种方式产生的理论既可以是简单的单一命题，也可以是有十分复杂的逻辑关系和层次结构的命题。例如《课堂教学问题问诊与矫治》，该研究通过大量的观察和分析，归纳总结出当前中小学课堂教学中存在的主要问题：有效性缺失、创造性缺失、主体性缺失、情感性缺失。针对这些缺失，研究提出了矫治的观点和策略，如矫治有效性缺失的策略：运用“最近发展区”理论，实施分层递进教学；优化课堂教学时间管理；优化学生认知结构，加强学习策略教学。

115. 如何提炼操作性成果？

操作性成果属于指导形态的成果，它是把认识性成果具体化为可操作的措施、方法等，是指导课题研究继续进展的技术手段，对教育实践中某一具体问题的改善或解决具有直接指导的作用。

操作性成果的表现形式也主要是文字。在研究过程中创设的新模式，开发的新路径，进行对策研究时所提出的有效措施与策略、程序、制度等都是操作性成果。

在提炼操作性成果时，除了要做到文字简练、措词严谨、逻辑性强，还要做到下面这两件事情：

一、图形会说话

在表达模式、路径时，语言提炼结合绘制图形使内在元素之间的关系一目了然。

例如在做“中职生课后服务实践研究”的路径研究时，为了更直观地表达由课后服务助力的，从校内良性循环到校外接轨社会岗位需求的能力发展路径，用图形说话比单纯用语言描述更生动、明确（图6–2）。

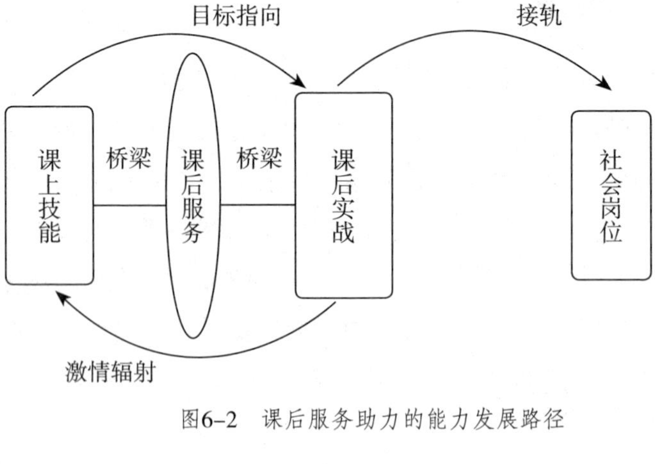

图6–2　课后服务助力的能力发展路径

二、数字和字符能添彩

使用数字或符号来概述操作性成果，是一种更高精度、高纯度提炼的能力。

例如在做“班级文化建设研究”的策略研究时，提出的5个“实”就是对班级文化建设方法的提炼，5个“实”分别表示朴实、责实、实践、务实、实际。

例如：在做“中职生课后服务实践研究”的模式研究时，设计开发了TMS渐进式课后服务模式，“TMS”就是对这一新模式的提炼，T是教师以讲授、指导（Teacher Guidance）方式全程参与服务学生的课后服务前期阶段；M是基于前阶段学生学习收获分开层次，以学生互相帮扶、取长补短为主的互相式成长（Mutual growth）服务阶段；S是完全由学生自主决定参与项目与否以及如何参与的自主服务（Self-service）的成长阶段。

116. 如何收集、筛选有质量的物化成果?

物化成果属于应用形态的成果，是在实践中将思想认识和操作技术进一步细化，有针对性地形成的一些具体做法和实际操作，以及开发的实物产品。这类成果可以在教育教学中提供最真实直接的事实参考，或者能够直接投入使用，并产生实效，从而改善或解决某一方面的教育教学问题。

物化成果有文字类和实物类（如表6-1）。文字类包括研究过程中生成的过程性资料和开发的教学资源；实物类是为解决研究问题而设计开发的、能够立即投入使用的教学器具。

表6-1 物化成果的分类

<table>
<tr><th colspan="3">分类</th><th>具体呈现</th><th>作用</th></tr>
<tr><td rowspan="3">物化成果</td><td rowspan="2">文字类</td><td>第一手资料
（过程性资料）</td><td>文献分析、问卷调查、教学日记、教学反思、教育叙事、教育访谈、个案研究、学生作业、学生成绩、学生成长档案、活动记录等</td><td>最真实、最直接的事实性参考资料</td></tr>
<tr><td>教学资源
（研究开发的新资源）</td><td>工具书、资源库、量表、教材、教案集、活动方案等</td><td>推广使用</td></tr>
<tr><td colspan="2">实物类</td><td>教具学具、仪器设备、仿真系统、学习平台等</td><td>推广使用</td></tr>
</table>

深入到教育科研活动中的老师，都会留下很多过程性的资料，若平时不注意收集，不会筛选，确实很难形成有质量的物化成果。那么如何从平时工作中采集成果呢？必须用到的方法就是简单而行之有效的分类整理。

按照分类整理的思想，研究开展之初，就把可能出现的第一手资料的写作格式建立起来，一种资料一个模板。研究过程中细心观察，用心体会，发现有用的资料要及时拾取。

例如研究过程中发生的有启发意义的教育事件可以写成“教育随笔”“教育日志”，有感触的教育事实可以写成“教育叙事”，引起思考的教育突发事件可以写成“教育反思”，有价值的典型教育事实可以写成“教育案例”，等等。

117. 如何提升研究成果站位？

很多教师的教育科研成果都是非常有意义的，但是缺少推广研究成果的意识，也没有足够的推广方法，致使研究成果没有发挥最大价值，不能够让更多的人受益。如果把教育科研成果的价值分为几个层次的话，根据众多教育科研人员的现实情况，就可以看到成果的价值从低到高呈现的四种状态（如图6-3）。

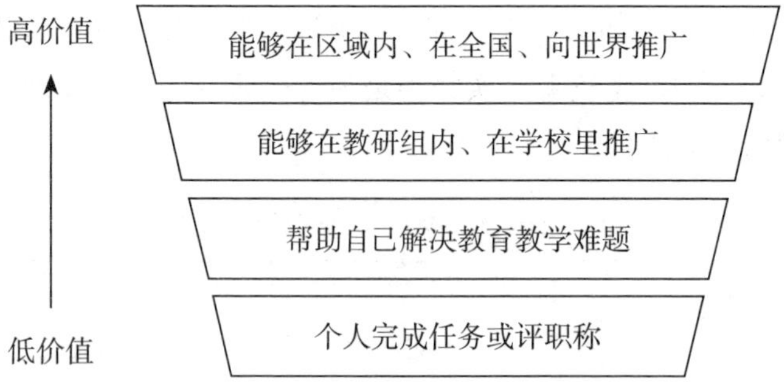

图6-3 教育科研成果的价值层次

成果的价值低是因为“成果”的站位低，只有高站位才能体现高价值。那么如何提升教育科研成果站位呢？

第一，成果尽量具有前沿性。在着手科研之前要详细查阅、分析相关领域的资料，广泛吸纳国内外研究成果，把握前沿动态，把眼界放高放远。

第二，成果尽量具有实用性。能解决教学中出现的实际问题，能解决教育改革中出现的种种矛盾，能对已有的教育教学经验进行理性的修正和完善。

第三，成果尽量具有系统性。单一的、太过局限性的成果能够被推广使用的机会就会小。

第四，成果尽量具有开创性。只有对解决教育实践问题有创新性的指导意义，成果才会有广泛的应用与开发前景。

第五，做好成果推广。推广的办法有很多，例如：以课题研究单位为现场，组织有关人员来现场展示、观摩和推广；利用教育行政部门召开的各种形式的经验交流、专题研讨等会议进行交流推广；通过学校官网、学校微信公众号等媒体方式进行网络推广；等等，这些方法对一线教师们来讲并不是很困难。

118. 如何学习解读文件政策?

在科研课题研究过程中，老师们经常会问起一个问题：做科研还需要学习政策性文件吗？我们都是一线老师，学习这些文件有多大用处？学习政策和相关文件是必要的吗？

答案当然是肯定的。学习政策和相关文件，不但是必要的，而且是非常必需的。

一、学习文件的重要性

学习政策性文件是中国新时代教育发展战略，教育者应当清楚了解和贯彻落实教育发展的方向和要求。在文件的解读过程中，理解教育改革的“四梁八柱”，充分了解国家对基础教育的功能定位。时代在召唤，作为新时代的人民教师，明确新时代教育的育人目标、育人路径是必要的。

学习文件，清楚“十四五”教育改革发展规划，可以帮助我们准确定位教育课改的基本方向。特别对于明确基层区县、学校规划阶段发展任务和区域、学校发展特色的选择至关重要。

通过文件的学习，可以顺利地帮助我们在新一轮教育科研课题中，准确选点布局，确立新一轮研究重点项目，确立我们未来3～5年科研课题，为下一轮教学成果奖项目培育成果。

学习文件，是对社会关切的教育问题的准确回应。了解人民群众对优质教育的需求，社会、家长对教育改革发展的质疑缘何，这对我们对于教育深度的思考，提出教育改革举措很有必要。

二、学习文件的思考点

（一）文件的本质

文件是有关政治理论、时事政策、学术研究等方面的文章。政策是国家政权机关、政党组织和其他社会政治集团为了实现自己所代表的阶级、阶层的利益与意志，以权威形式标准化地规定在一定的历史时期内，应该达到的奋斗目标、遵循的行动原则、完成的明确任务、实行的工作方式、采取的一般步骤和具体措施。公文（文件）是党的路线方针政策和工作部署的重要载体。

首先，我们要知道政府是管理部门，拥有管理社会的权利和职责，推出新政策是为了稳定社会各项秩序和推进社会发展。新政策的推出必然有其社会根源，也就是说，新政策是“药”，用来治社会的“病”。解读好政策，必然要深挖社会根源，寻找源头。例如加强思想政治教育、双减政策，把原因分析准确，我们解读政策的方向就没有问题。

其次，我们要分析政策推出的目的。所谓对症下药，目的当然是为了解决问题，政策的推出必然是解决社会矛盾带来的不利影响。地摊经济推出的目的就是为广大失业群众降低就业门槛，提高社会经济活力。目的与原因相互呼应，有因有果。

最后，我们要分析这些政策的利弊。任何事情都有两面性，这一部分要求学员要有发散意识，不要将精力都集中在表扬或批评上，要综合考量政策带来的积极影响和消极影响。例如，地摊经济带来了就业岗位，解决了一部分人的工作问题，但是有没有隐患呢？会不会影响商铺的营业？会不会产生安全管理上的困难？会不会炒得过热而产生其他行业劳动力流失的问题？这一部分仁者见仁，智者见智，可以根据自己的生活经历去分析、表达自己的观点。

（二）文件的内容

文件阅读需要提取的关键信息有以下内容：发文部门、文件编号、发文时间、项目开始时间、项目截止时间、政策主题、项目要求（标准、条件、事项清单）、实施流程、联系方式等。

做文件解读就是把冗长的政策简化，提取关键信息。什么是关键信息，关键信息大致可以从提取文件框架和提取中心词两个方面来理解。

比如：提取文件框架

举例：《教育部、国家发展改革委、财政部关于深入推进义务教育薄弱环节改善与能力提升工作的意见》（教财〔2021〕3号）20210623文件的框架就是义务教育薄弱环节。

又如：提取中心词

举例：培养德智体美劳全面发展的社会主义建设者和接班人。中心词是社会主义建设者和接班人。

（三）文件的精神

从总体上把握文件精神是非常必要的。首先，我们要分析社会根源，思考文件出台原因。其次，还应该查找相关的文件，前后文件进行比对，得到印证支撑。总之，对政策文件的解读，需要把握教育改革前沿大势，顺势而为，认准改革目标。

学习不同文件我们采用不同方法：

对于新学文件，我们可以泛读，对文件内容进行全面理解，从而掌握其精神。

对于复学文件，要明确要求，做到精读、选择性理解、对标性评估、创新性地落实。

三、学习文件的路径方法

首先，制定发展规划。这有助于明确学校阶段任务，贯彻政策精神，找准学校发展特色，帮助我们规划学校发展的重点项目。其次，研究项目选点。学习文件是为了找准改革具体落脚点，为选题提供强有力的论证，进一步为成果提炼打下基础。再次，提升治理水平。最后，提升专业素养。应对教育时代变革，顺应时代变革，转变教育观念，适应教育改革项目，走出创新路径。值得注意的是，相关文件一定要以官方渠道正式发布为准。

119. 研究报告与成果报告的区别?

在全国及各省的教育科学规划课题结题工作中，除了必须撰写结题总报告或结题报告外，一般还要求课题组必须撰写成果报告。成果报告应该如何撰写，又有哪些基本的内容，这是许多老师关注的问题。

成果报告是向外界公布和宣传教育科研课题研究成果的材料，起公示和对外宣传的作用。要求其简明扼要，是研究总报告的浓缩和精华。各级规划办要求成果公报的字数不同，一般在3000～8000字左右。成果报告实际上是针对课题研究的四大方面进行提炼，即基本内容、实践效果、理论水平、推广价值等，具体阐述如下。

一、研究的内容及方法

可对照当初的评审书和结题报告上的研究内容部分，写明具体的研究内容是什么，做的过程遇到什么问题，如何解决这些问题。同样，方法要写出具体怎么用的，如文献法，查了什么资料，有什么作用；调查法调查了谁，调查结果是什么。

二、研究结论及建议

要针对本研究所发现的研究现象，进行简要的、重点式的、条例式的或是整合性的说明。依据研究目的、研究问题的顺序，参照研究结果来撰写研究结论，研究结论应浅显易懂，让读者在短时间就可以了解，因此研究结论撰写不要再有统计的符号或学术的用语，不再引述相关研究来说明。简介即可。

成果报告还可以就研究的情况罗列出若干建议。这些建议是根据研究者在研究中的发现，提出具有建设性又有意义的启示，因此这方面的内容也非常重要。在撰写过程中，研究者宜结合研究结论，引申出这些结论可以有哪些实践、方法或理论上的建议。比如一些常用的词汇：

本研究发现……，因此本研究建议……

综合……的研究结论发现，……

本研究建议相关部门宜……

三、研究影响及效果

研究影响及效果是通过课题研究后，对研究对象已有的几个方面的实际影响或者成效的描述，也可以介绍推广的情况和对推广以后的影响和效果的推测。

四、研究改进与完善

研究的改进与完善可有两个方面：一是本研究在方法、成效或结论上对既有的研究的改进和完善，以凸显自己研究的特色；二是对本研究中仍然存在不足的地方和有待改进之处的分析探讨。

表6–2　研究报告与成果报告的关系

	联系	区别
研究报告	研究报告是撰写成果报告的基础	研究报告以研究内容为主，需要详尽地反映出课题的工作和研究的全过程，包括问题分析、文献综述过程与方法等
成果报告	成果报告则是研究报告的浓缩和精华	比研究报告更简洁；过程与方法极简化；突出成果、成效

研究报告与成果报告的撰写原则：

研究报告详细阐明研究了什么、怎样研究的、研究过程中得出什么样的结论或效果、研究过程中生成什么样的资源、提炼出什么样的结论和教训等等。研究报告不只是研究者对整个研究的全面总结，更主要的是为了将研究的结果通过各种途径，如刊登于专业报刊、打印散发、学术会议交流等，让更多的人能全面系统地了解到，并由他们通过对研究报告的理解与验证，来评判、接受或应用这一研究成果。

成果报告简要地介绍研究的基本内容、实践效果、成果的理论水平、推广价值、怎么选题、选题意义与价值、国内外同类研究情况、怎么制定方案和技术路线、怎么组织等等。

一些老师容易将二者混为一谈，形成一些常见的误区。

误区1：将研究所取得的效果写成研究成果

一个关于数学思想方法渗透的结题报告中这样讲研究成果：培养了学生对

数学的学习兴趣，提升了探究数学知识的能力。随着学生对数学思想方法的认识不断深入，学生运用数学思想方法来获取新知识，解决新问题的能力增强，课堂上学生获取知识不再依赖教师的讲解，学生的学习过程成为学生主动获取知识的过程。

这样的报告说明了作者将报告的核心内容放在了研究过程中，而研究成果不知道该写什么。还有的老师将他们冠以“实践成果”的标题，却不知这种站在作者主观的角度上认为的“培养了学生对数学的学习兴趣，提升了探究数学知识的能力”“提高了教师的科研水平”“提高了教师参与科研的热情”等表达方式是无效的，并不能说服专家，乃至读者信服这些所谓的“研究成果”。究其本质，就是研究者认为该项研究起到的效果就是研究成果。

误区2：将研究报告方法和意义与研究成果混为一谈，写在成果报告中

研究报告和研究方案具有对应关系，研究报告在一定程度上讲是研究方案落实的结果。研究方案中设计的方法和预设的成果在研究报告中应该有所体现。但有的研究报告往往不是如此。如研究报告中采用了问卷调查法，但研究报告中没有问卷调查分析的影子，研究结果和问卷调查没有关系；研究报告中采用了行动研究法，但研究报告中没有体现行动研究的特点；研究报告中采用了文献研究法，研究报告中也没提到参考文献，更不必说理论如何指导实践。预设的研究成果也是如此。比如《XX策略研究》，但在研究报告中找不出形成了什么策略，有的虽然提到了策略，但界定不清，难以操作。

再者，成果分析定性多，定量少。有些课题明为实验研究，且设计了对照班，但在成果分析中，多运用模糊语言进行定性分析，没能根据事实材料和数据提出结论、印证成果，严重削弱了课题研究的可信度。

120. 如何将研究成果提炼（转化）成论文？

论文是探索事理、阐释事物性质、论说是非的学术性文章，也是成果提炼的重要组成部分。从成果与论文的关系来说，论文要小于成果，主题要切合教育教学的某个实际问题，但在观点、意见、方法上要新。

简单来说，如果需要将一个大篇幅的成果报告转化为论文，那么首先需要确定主题，即拟定标题，要能简明地概括出本来研究的研究方向、范围和深度。根据学术论文的结构开始撰写，一般学术论文的结构为：

（1）引论：解释题意，明确论题。

（2）正论：论点明确，总分结合。

（3）结论：呼应论点，总括全文。

对于成果来讲，基于经验介绍的论文正论部分也可以是“是什么—怎么做—怎么样—为什么—案例”来进行论述。其次，根据所选的投稿期刊进行修改，包括字数，格式等问题，一般期刊投稿要求中都会对此进行明确。最后，如果即将发表论文，那么期刊编辑部一般会给出修改要求，根据编辑部的意见进行修改即可。

第七章

成果申奖与推广

第一节　成果申奖

121. 为什么要参加成果申奖？

国家教学成果奖创立于1989年，4年评选一次。国家级教学成果奖是中华人民共和国教育部为了奖励取得教学成果的集体和个人，鼓励教育工作者从事教育教学研究，提高教育工作者的教学水平和教育质量而设立的最高级别的奖项，分为高等教育国家级教学成果奖、职业教育国家级教学成果奖、基础教育国家级教学成果奖。国家级教学成果奖是教学领域最高级别的奖励，是与国家自然科学奖、国家技术发明奖、国家科技进步奖并列的国家级奖项，代表了目前我国教育教学工作的最高水平。各省、市（地、州）、县（区、市）都参照设置了本区域的相应的教学成果奖。教学成果奖也成为衡量教育科研成果水平的重要指标。

一线教师参加成果申奖可以：

一、检验成果的真价值

成果申奖的过程既是研究者再次研究和重构成果的过程，又是成果完成单位进一步检验成果价值和意义的过程。一项好的成果不仅具有独创性、新颖性、实用性，还具有科学性、实效性。成果申奖的意义和价值不只在于获得荣誉和奖励，更在于检验和审视成果的真实性和实践性。经过再次梳理和总结的成果，更具有推广性和实用性。

二、扩大成果的影响力

好的成果一定是可推广、可复制、可重复的，国家级教学成果奖明确将“经过2年以上教育教学实践检验的、在全国产生一定影响”作为申奖条件，可见其对于成果推广的重视。参加成果申奖意味着将所形成的成果进行再应用、再实践，同时将自身所取得的有效做法或经验在同类教育场所进行检验和验证，一方面可以扩大成果的影响力；另一方面可以带动更多教育教学改革，促进教育教学质量的提高。

三、提高教师教育教学水平

百年大计，教育为本，教育大计，教师为本。教学成果奖是为鼓励优秀的教师进行教学研究的一种奖项，因为教师教学态度和水平关系着教育质量的高低。参加成果申奖，教师可以获得更多的机会，既包括从事教学工作的成果得到承认，又包括付出的辛勤劳动受到尊重。国家、省、市、区为优秀教学成果奖的获得者颁发证书和奖金，把优秀教学成果记入本人考绩档案，作为评定职称、晋级增薪的一项重要依据，提高了教师的教学积极性，也有效避免了“为教学而教学的现象”，让教师更乐于深入钻研教育教学，主动去探求教学规律，改革教学方法和教学内容，从而提高教师自身的教育教学水平。

四、促进教育教学质量提升

教育是培养人的活动，教学成果奖也鼓励教育工作者从事教育教学研究，提高教学水平和教育质量。成果申奖的过程是成果持有单位进一步梳理和检验该成果价值和意义的过程；也是探索教学规律，落地教学思想，更新教学内容，改进教学方法，实践教育理论的过程；更是成果的宣传和推广过程。它不仅可以促进成果完成者进一步理清思路，还将带动学校或者区域的全面教育教学改革，使教育教学工作进一步规范化、系统化和科学化，让教育教学更符合教育规律，从而提高教育教学质量。

122. 成果申奖有哪些类型?

《教学成果奖励条例》实施办法中指出，国家级教学成果奖包括基础教育、职业教育、高等教育3个大类。基础教育包括学前教育、义务教育、普通高中教育、特殊教育；职业教育包括中等职业教育和高等职业教育；高等教育包括普通高等教育（高等职业教育除外）和成人高等教育。《教育部关于开展2018年国家级教学成果奖评审工作的通知》（教师函〔2018〕3号）指出成果内容包括基础教育、职业教育、高等教育的教育教学、课程建设、资源建设、教师发展、评价及管理改革等。成果来源包括各级各类课题或自选项目，课题研究成果必须经区（市）县及以上教科研机构组织的专家鉴定并结题，自选项目研究成果必须经市级及以上教科研机构组织的专家鉴定。以2018年三大分类的侧重点为例：

一、高等教育

高等教育国家级教学成果奖应反映党的十八大以来我国高等教育教学改革发展取得的新成就，代表当前深化高等教育教学改革过程中涌现出来的新成果，成为贯彻落实党的十九大精神的风向标、指挥棒、信号灯，在高校教学实践、改革、研究中起到引领和激励作用。

二、职业教育

职业教育国家级教学成果应全面贯彻党的教育方针，坚持为社会主义现代化建设服务、为人民服务，落实立德树人根本任务，反映党的十八大以来我国职业教育教学改革的新成就，代表职业教育教学改革理论创新和实践探索的新成果，针对职业教育教学中存在的问题，提出有效解决办法，实施效果显著，能够在教育教学领域贯彻落实党的十九大精神，健全职业教育与培训体系，深化产教融合，在校企合作中发挥引领作用。

三、基础教育

基础教育国家级教学成果奖励范围包括基础教育各阶段、各领域取得的教学成果。基础教育国家级教学成果要反映我国基础教育教学改革与实践探索的重要成果，包括课程、教学、评价、资源建设等方面，可以是综合性的，也可以在某些方面有所侧重。

123. 成果评奖程序是什么？

一、逐级上报

任何单位或个人必须按照行政管辖关系逐级向上申报，遵循区级—市级—省级—国家级的上报程序。

区级：学校教科室初评汇总—区（县）教育科学规划办（或设在区县教科院，或设在教育局）。

市级：学校教科室统计—区（市）县教育行政部门初评—市评审办。

省级：市评审办初选通知—区（市）县教育行政部门—学校教科室修改—区（市）县教育行政部门汇总—市评审办汇总—省评审办。

国家级：省评审办初选通知—市评审办通知—区（市）县教育行政部门—学校教科室修改—区（市）县教育行政部门汇总—市评审办汇总—省评审办——国家级教学成果评审办。

二、评奖程序及要求

（一）评奖流程图

成果申报（申报单位）—资格复核（评审办）—专家评审（评审专家组）—答辩评审（评审专家组）—评审领导小组终审（评审领导小组）—社会公示（评审办，30日）—异议处理（异议成果单位、评审领导小组）

（二）评奖注意事项

（1）市、区（市）县两级教育行政部门管辖权限以外的其他学校、教科研机构、社会组织，以及上述单位所属的个人申报市级教学成果奖的，由该单位进行资格审查后直接向评审办推荐。

（2）多个单位或个人联合取得的教学成果，由成果主持单位或成果主持人申报。

124. 成果的参评指标有哪些？

1994年3月14日，中华人民共和国国务院发布了《教学成果奖励条例》（以下简称《条例》），《条例》第二条对教学成果进行了定义，指出“本条例所称教学成果，是指反映教育教学规律，具有独创性、新颖性、实用性，对提高教学水平和教育质量、实现培养目标产生明显效果的教育教学方案”。这是从国家层面第一次对“教学成果”本身的定义做出了清楚的指示。

1997年10月10日，《四川省教学成果奖励办法》［四川省人民政府令（第92号）］第三条对“教学成果”内涵进行了界定，“是指反映教育教学规律，具有独创性、新颖性、实用性，对提高教学水平和教学质量、实现培养目标已产生明显效果的教育教学方案和教育教学改革成果”。在《条例》的基础上增加了“教育教学改革成果”。

2003年7月7日，《成都市教学成果奖励办法》（成府发［2003］49号）第三条对“教学成果”内涵进行了界定，“是指反映教育教学规律，具有独创性、新颖性、实用性和推广价值，对提高教学水平和教育质量、实现培养目标已产生明显效果的教育教学方案和教育教学改革成果”。在《四川省教学成果奖励办法》的基础上增加了“推广价值”，对教学成果的定义更具体。

结合《教学成果奖励条例》《四川省教学成果奖励办法》《成都市教学成果奖励办法》《成都市教学成果评审标准》等文件精神，概括出方向性、科学性、实效性、创新性、应用性和伦理性六个成果参评指标。

一、方向性（成果对不对）

（一）符合教育发展大方向

成果所解决的问题符合当前教育发展的大方向，具有很强的时代性、政治敏锐性和政治鉴别力。如北京市十一学校持有的成果《普通高中育人模式创新及学校转型的实践研究》（2014年基础教育国家级优秀教学成果特等奖），其问题基于“高中课程改革”和《国家中长期教育改革和发展规划纲要（2010—2020年）》，紧扣当时的教育发展大方向。上海市教育委员会教学研究室的成果《走向世界的中国数学教育——义务教育阶段数学课程改革的上海经验》

（2018年基础教育国家级优秀教学成果特等奖），也契合教育部在课程改革试点上的方针政策。

（二）回应教育热点和难点

成果所解决的问题是当前教育改革中的关键性问题和难点问题，具有很强的针对性。成果的主要内容着眼于教育改革实践中的热点问题、实质问题和共性问题，将其限定在教育热点、难点的邻近区域，而非过于超前或过于滞后。如重庆市巴蜀小学持有的成果《基于学科育人功能的课程综合化实施与评价》（2018年基础教育国家级优秀教学成果特等奖）将“育人”“评价”“核心素养”这些热点和难点相结合；北京师范大学附属实验中学的《基于学生自主发展导向的生涯教育实践与研究》（2018年基础教育国家级优秀教学成果一等奖）则围绕“立德树人”“中小学生生涯规划”等教育热点开展研究。

二、科学性（成果是什么样的）

（一）符合教育教学的规律

教育教学活动是有规律可循的，符合规律的做法才能提高教育质量，促进教育对象的发展。教学成果需有充分的理论依据，且理论依据具有普适性、专业性、学术性，尊重研究对象的差异，符合研究对象的身心发展特点，体现教育教学发展规律。如浙江省杭州市天长小学的成果《一个模子不适合所有学生：小学差异教学的实践研究》体现了“教育要符合学生发展的差异”这一客观规律。

（二）解决客观真实的问题

成果所解决的问题真实、客观，从研究对象的实际需求出发，针对某一具体问题提供切实可行的解决方案，且针对问题有鲜明的改革主张，并将其反映在具体的改革措施中，成果有明显的改革行为，提出的改革措施、方法能对现实问题的解决起到明显的作用，有较强的操作性和推广应用价值。

（三）运用科学适切的方法

取得成果的实践探索过程真实、连续、完整，表现在研究内容与目标相匹配，合理可行；研究方法选择恰当，运用科学严谨；研究步骤规范有序，资料收集真实有效。如实验法运用中自变量与因变量明确，且对无关变量有控制；文献法所选文献的来源可信度高，引用摘录恰当等。

（四）追求可靠有效的结论

“教学成果”与自然科学成果不同，也不同于其他社会科学成果，属于“人学”科研成果的范畴。[①]它以改变人的观念、调整人的思路、培养人的能力为前提，它要求人们接受新的思想、理论、观点和方法，提高自身的科学素质。[②]成果的获取是基于研究实践过程的总结和提炼，所取得结论在话语表述上科学，且所形成的结论、策略、方法、主张等认识性成果和操作性成果的成熟度高，具有高度的确定性、严谨的逻辑性、完整的系统性。

三、实效性（成果好不好？）

（一）成果与问题具有一致性

“成果只有好用、管用，才能被教师乐于接受。因此，优秀科研成果应是真正产生于教学实践并解决实际问题的研究成果，对当前教育教学实践迫切需要解决的问题有针对性。”[③]因而研究需面对真切的问题，成果、研究目标、研究内容之间具有一致性。如北京市十一学校的成果《普通高中育人模式创新及学校转型的实践研究》主要针对我国高中普遍存在的培养模式陈旧、课程缺乏选择、评价方式单一、学生自主发展、个性发展不足的弊端，构建了分层、分类、综合、特需课程体系，学生每人一张课表，建立了新型管理体系。

（二）效果具有充分的证据链

成果还应具有“质量好、效益高”的特点，对所解决的现实问题起到显著性的作用，实证性事实和充分的数据，形成了支持假设（或结论）的系统的、完整的证据链，且支持性数据有统计检验，并达到显著性水平。如江苏省南通师范学校第二附属小学的成果《情境教育实践探索与理论研究》（2018年基础教育国家级优秀教学成果特等奖）用数据呈现了教师团队、学生及学校的变化及发展，且效果显著。

（三）成果能经受长期的检验

《条例》第五条规定，教学成果必须具备“经过2年以上教育教学实践的

① 易海华.教育科研成果推广应用的误区及对策思考［J］.中国教育学刊，2007（4）：16-20.

② 同①。

③ 同①。

检验”这一条件，四川省成都市教学成果奖励办法也将该条件作为教学成果奖申请的必备条件。因此，成果在不同的环境和时空条件下，需要历经认识、体悟、内化、接受、实践、检验等过程，这一过程不是一蹴而就的，而是具有长期性。如浙江省杭州市天长小学的成果《一个模子不适合所有学生：小学差异教学的实践研究》经过近30年的实践和思考；上海市教育委员会教学研究室的成果《走向世界的中国数学教育——义务教育阶段数学课程改革的上海经验》历经了20年的实践；重庆市巴蜀小学校的成果《基于学科育人功能的课程综合化实施与评价》经历了18年的检验。

（四）成果和效果的相关性高

改革措施与研究对象的变化有直接关联，其效果是改革措施（自变量）直接产生的，而非无关变量所致。如北京师范大学附属实验中学的成果《高中综合文科课程研究与实践》（2018年基础教育国家级优秀教学成果一等奖）中国际交流、论文发表、媒体报道皆源于该成果，直接相关度高。

四、创新性（成果有创新吗？）

（一）填补同类领域的空白

《条例》第五条明确将“国内首创”作为申奖的必备条件之一，这说明成果在解决前人或他人未曾解决的问题、在理论与实践上取得突破，有独到的见解和操作办法；且在教育教学改革实践中走在同类、同行的最前列，在同类领域具有填补空白的价值；或较之同类成果更系统、更深刻、更成熟，解决问题更具有准确性（精准），在同类研究中具有领先性。如北京市十一学校的成果《普通高中育人模式创新及学校转型的实践研究》构建了分层、分类、综合、特需课程体系，探索了一套服务于师生的过程性评价与诊断系统，这在当时属于首创。

（二）占有先进的教育资源

“课题研究的本质是创新，新材料、新观点、新方法、新理论都属于课题成果创新的表现形式。”[①]成果的创新性不仅体现在问题的针对性、研究视角

① 易海华.教育科研成果推广应用的误区及对策思考［J］.中国教育学刊，2007（4）：16-20.

的创新性，还体现在成果本身的新颖性、独创性，如新的改革主张、新的设计方案、新的举措以及新的方法技术。如江苏省南通师范学校第二附属小学的成果《情境教育实践探索与理论研究》，标志着中国原创的教育思想流派的出现和成熟，使中国教育在世界教育舞台上拥有了一席之地，向世界教育界发出了中国声音。

（三）占领教育的学术高地

成果聚焦教育实践中的现实、突出问题，符合当代或未来教育价值理念，物化成果材料丰富，相应的物化成果在教育领域中占领学术高地，如成果在教育领域核心期刊发表，成果主张在各类媒体上交流推广等。

五、应用性（成果可推广吗？）

（一）广泛的影响面

影响面包括实践影响力、决策影响力和社会影响力三个方面，主要表现在成果被其他地区和学校推广应用，其成果应用范围广，社会影响大。如清华大学附属小学的成果《成志教育：小学立德树人的校本实践》（2018年基础教育国家级优秀教学成果一等奖），既有“被2018年两会采纳的提案”的决策影响力，又有“教育部官网转载成志教育系列成果31条”的社会影响力，更有“全国20余所协作校和实践基地”的实践影响力。

（二）持续的推广性

教学成果不能停留在对现实问题的调查上，必须基于现实问题的分析，提出解决问题的思路、办法、路径、策略，并付诸行动，且这些策略、路径、方法必定具有可操作性、借鉴性和启迪性，具体表现为成果的内容和形式易于传播，具有延续性、渗透性、层次性，且在实施范围内得到持续转化，教育活动发生了明显变化。如江苏省教育科学研究院的成果《深度构建观念与能力：化学学科育人二十年探索》（2018年基础教育国家级优秀教学成果一等奖）首创“名师课堂”在线推广，130余场直播，30多省130万人次共享，取得巨大成效和起到示范作用。

（三）高度的适用性

适用性是指成果内容面向多数同类领域具有可操作性。具体表现在该类成果简单、通用，有助于解决实际问题，符合教育同行的现实需要，且与现行的体制相符合、一致，成果的应用是一个重建的过程，使用者会根据自己的需要和社会环境对成果进行再加工和再创造。如北京师范大学附属实验中学的成果《基于学生自主发展导向的生涯教育实践与研究》（2018年基础教育国家级优秀教学成果一等奖）出版的生涯规划读本、生涯真人图书馆等独特生涯教育资源有效运用于同类学校中。

六、伦理性（成果合乎道德吗？）

（一）坚守科学研究的伦理

科研伦理是指科研人员与合作者、受试者和生态环境之间的伦理规范和行为准则。成果的形成需坚持诚实、客观等原则，引用需注明出处，杜绝剽窃他人成果、篡改或杜撰数据等弄虚作假、骗取科研资源的现象。对背离了基本学术规范、出现严重不端行为的成果及单位予以一票否决，坚持成果的原创性。

（二）尊重研究对象的人格

这是最基本的伦理原则，教学成果具有一定的普适性，且符合推广的要求，要把每一个研究对象作为一个独立的主体来看待，不论他是何民族、是否富有、是否受过良好的教育等。如对于特殊儿童的研究，对于心理健康情况的研究等。

（三）保护研究对象的隐私

教学成果的价值追求应当是“眼中有人”，当我们进行各种调研调查时，常会涉及被调查者的个人隐私，如年龄、家庭情况、学历状况、婚姻状况、个人爱好等，这些在伦理上都是应该受到保护的，所以作为成果呈现时，要注意保护隐私。

（四）倡导正向的成果表述

社会公共秩序的维护依赖所有公民，成果的获取及提炼都离不开积极人生观、世界观和价值观的引导。在成果表述中需注意语言的正向性、积极性，需体现伦理常识，如尊老爱幼，关怀女性，保护特殊儿童等。

125. 申奖上报材料装订格式是怎样的？

一、申报材料

（一）《×××教学成果奖申请·评审书》

（二）《×××教学成果奖简述书》

（三）《×××教学成果申报公示》

（四）《成果报告》或《研究报告》

（五）《成果鉴定书》

（六）其他支撑材料：公示证明、成果推广应用情况以及与成果相关的论文、著作、案例等。课题研究成果要有开题报告、研究报告、工作报告、检测报告、成果鉴定书（或结题证书）等。自选项目研究成果要有研究报告、专家鉴定意见等。

二、格式及注意事项

（一）成果简述书是盲评的重要依据，是成果报告的主要载体。不得出现成果有关完成人（单位）的个人（单位）信息，不得出现市（州）及以下行政区划有关信息。违者将被取消参评成果奖的资格。

（二）成果的好坏不在字数多少或支撑材料的厚薄，提炼及筛选成果时也不要去追求面面俱到，重点在于逻辑线索要清晰明了，语言表达要言简意赅，支撑材料的每个部分要有相关性，不能只是简单的文字堆砌。

（三）格式装订需根据各级通知要求进行。

第二节　成果推广与应用

国家支持、鼓励和组织教育科学研究，推广教育科学研究成果，促进教育质量提高。

——《中华人民共和国教育法》

126. 为什么要进行成果推广?

如果说我们的研究工作取得了成果，并评了奖，就将其束之高阁，那么这样的研究本身就没有完成，本身没有效益，或者效益很低。只有把研究工作与推广工作联系在一起，这才是真正的完整的研究，也是最高的科研成果效益的体现。

推广，是推而广之，扩大事务使用的法案或起作用的范围。成果推广，就是有计划、有步骤地将成果广泛传播，在一定范围内应用，使研究成果不停留在成果报告中而转化为教育效益的过程。那么推广的目的究竟是什么呢?

一、检验成果的时效性

课题、项目等成果出来以后，即使经过了专家的鉴定，甚至有些在课题成果鉴定前就已经通过了一定的实践验证，但它是否能够在更长时间、更广范围接受验证呢?这就需要进行成果推广对其进行验证。与此同时，在推广过程中，还可以进一步丰富课题和发展成果内容。

二、拓展成果的受益面

研究成果之所以成为成果，主要是因为它是解决问题的一种成熟方案、一套解决问题的办法或者模式。它不仅仅使研究者受益，其落脚点是通过研究，让更多遭遇此问题困扰的人走出来，让更多人受益。通过课题推广，可以让更多人知道、学习、运用成果，从而拓展成果的受益面。

三、提高教育教学质量

从实践中来，到实践中去，是教育科研成果的原则与路径。教育科研的成果只有落实到教育教学的实践中去，才能发挥它应有的作用，达到教育科学研究应有的目的。而这些具有科学性、先进性、创新性的课题成果推广、应用后，可以帮助更多的人解决教育教学中存在的问题，提高教育教学质量。

四、促进教师专业成长

成果的推广可以扩大和促进研究团队的学术影响力。除此之外，作为研究直接受益人，教师在对成果的学习、消化、吸收、运用和推广的过程中，学习新的教育教学手段、方法，完善教学行为，其专业水平和能力也会逐渐得到提升。

五、提升学校影响力

教育科学研究成果推广的影响不止于成果本身，对于非名校而言，一项有影响的课题研究成果的推广，可以提升学校的知名度，扩大学校的整体影响；对于名校而言，课题成果的推广，可以进一步提升学校的品牌效应。与此同时，新成果运用于教育教学，或者根据成果进行的科学和创新的后续研究，对提升学校的教育教学质量、提升学校的办学品位和社会效益都是十分必要的。

127. 有哪些方式可以进行成果推广?

教学成果的推广方式较多，一般来讲都需要有一定的载体，下面简单介绍几种成果推广的方式：

一、发表推广

比较容易产生影响的成果推广方式是论文、结题报告的公开发表，公开发表的形式一般有期刊发表、会议发表、书籍的出版、网络发表等。

二、会议推广

把成果进行会议推广是一种比较直接的推广方法，一种是成果持有方主动开成果推广会议，对成果进行展示、汇报和研讨，邀请相关专家和部门参与推广活动；另一种是与会推广，参加教育主管部门或其他组织组织的相关会议发表研究成果，对其进行推广。

三、行政推广

行政力量对成果推广是有极大推动作用的，如果能够获得教育行政部门对成果的推广支持，那么成果会在更大的范围内产生影响。2020年以来，教育部开始进行国家级优秀教学成果推广，由此可见，教学成果的行政推广是成果推广的重要力量。

四、实验推广

这一推广方式可以在课题研究过程中就寻找实验学校，在学校中做课题，同时推广课题，在推广过程中可以进行扩展，由近到远，由点到面，由少到多，随着成果的成熟增加实验学校，并进行深化研究。

五、宣传推广

媒体的宣传力量是强大的，成果持有方可以积极运用各类媒体对成果进行宣传。学校内部可以通过校刊、宣传栏、公众号等在校内外进行宣传，同时可以利用网络、刊物、电视等进行宣传。

六、课程推广

成果课程化是成果推广应用比较高级的一个阶段。如有些成果转化为课程，或者本身就是课程的开发与运用，可以通过课程的方式进行推广，如史家胡同小学的博物馆课程等，就直接把成果转化为课程进入课堂，让更广范围的学校、教师、学生成为受益者。

七、培训推广

它是把教师培训和成果推广相结合的形式。一方面是针对成果的专门培训；另一方面根据成果的适用性进行培训，如上海洋泾中学的成果《事实和证据视野中的课堂教学诊断》，其对于教师的教研来讲，适用范围较广，所以培训是其推广的重要形式。

八、奖项推广

参与各级各类奖项的评奖活动，也是成果推广的一种形式。教育行政部门、专业委员会等都会定期组织科研成果奖的评选活动，积极申报这类奖项，不仅获得荣誉、奖金，还是扩大成果影响力的一种方式。

128. 成果如何应用转化并创新？

学习、反思、实践是成果推广的三个方面。学习中有反思、有实践，思考中有学习、有实践，在实践中学习、反思。学习是反思、实践的起点，反思是学习、实践的中介，实践是学习、反思的目的和归宿。这同样适用于成果的转化、创新。

因此，学习成果是成果推广应用的第一步，对于成果的深入学习来说是基础；学习后与本校实际情况进行结合后反思，哪些可以直接用，哪些需要整合，哪些需要舍弃，这是对成果的反思；在此基础上进行的实践就是对成果的本土化应用与转化，接下来，在实践中研究的解决本校、本土问题的策略、方法、模式即对成果的转化性创新，即运用推广的成果成功解决了本土化问题的实践过程。

第八章

教育科研的组织管理

第一节　学校科研工作的过程管理

129. 学校科研负责人的职能是什么？

教育科研服务于学校改革和发展愿景，学校科研负责人是影响学校教科研发展乃至区域整体科研发展水平的重要因素。学校教育科研负责人应该担任什么职责？

一、科研负责人角色

文冯明《上海市小学教育科研负责人角色的实证研究》相关研究表明，学校教育科研负责人有九大角色（如表8–1）：

表8–1　学校教育科研负责人的九大角色

序号	角色	角色内涵
1	倡导者	积极宣传教育科研的意义和价值，以真实事例、自身经验鼓励教师参与教育科研
2	监督者	及时了解教师和各研究团队的研究进度，对科研质量提出要求，并持续关注、持续提升
3	顾问	为教师和各研究团队开展研究提供资源，如信息、范例、模板，并关注和分析教师在研究中遇到的困难，给予指导和提供培训

续 表

序号	角色	角色内涵
4	研究者	具有对教学实践、学校发展和科研管理实践的反思意识和研究行动，并从中形成研究课题
5	管理者	建立并实施有效的制度和有效的活动，并将信息化等手段应用于管理中
6	促进者	发现教师在专业发展中的优势、问题和需求，并在教育科研指导中关注教师成长进展
7	协调者	与学校其他部门建立沟通合作关系，善于沟通、整合任务与资源
8	辅导员	帮助教师在研究中体验成功和成长，建立信任与理解的心理纽带
9	中间人	与上级教育科研部门、学校领导、校外科研人员建立良好关系，寻求他们的支持

二、科研负责人职能

根据调查，大部分教育科研负责人的工作是围绕学校龙头课题展开的，并制定教师课题管理制度，对教师课题进行管理和指导。笔者参考部分学校关于教科研负责人岗位职责的规定，认为学校科研负责人具体职能如下：

（一）科研思想管理

1. 宣传教育科研的意义和价值

邀请校内外专家对学校教师进行教育科研价值、意识、方法等方面的培训，普及教育科研知识，提升教师科研意识和提高教师科研水平。

2. 营造学校科研氛围

组织各级科研团队开展教育科研的研讨和经验交流活动，搭建校际科研课题交流平台，营造良好、浓厚的科研氛围。

3. 组织开展校级科研培训

负责科研校本培训和校本研修的组织、培训、考核及其他管理工作，组织和推动学校教师学习先进教育教学思想和理论。以身边教师的课题方案、成果为资源，对教师进行科研培训。

（二）科研计划和制度管理

1. 制订科研计划

了解和掌握国家教育方针以及与教育科研有关的政策，依据学校办学特点和发展规划，制订学校科研工作的计划（含经费计划）和目标，并对年度科研工作进行总结。

2. 健全科研制度

制定和健全学校教育科研管理制度与激励制度，完善教育科研评审规范章程，完善学校教育科研档案管理体系。

（三）科研组织管理

1. 发布科研信息

整合上级科研管理部门的科研任务等各方面信息和资源，向全校教师和各部门、各教研组发布教师成长学习信息和科研课题申报信息，并接受教师的咨询。

2. 发现和挖掘课题

引导和指导学校教师开展服务于教育教学的教育科研，敏锐发现和挖掘课堂教学、教育策略和案例中的研究课题。

（四）科研过程管理

1. 主持学校各级科研工作的开展

（1）充分了解学校各级课题申报流程，对所有课题进行指导，并对校内各类课题组织开展筛选、论证和评估工作。

（2）引导、推荐并指导教师进行市、区级课题的申报，并指导完成立项、答辩和开题工作。

（3）组织完成学校重点科研课题的规划、申报、立项、开题、实施和管理工作。

（4）对学校各级科研课题开展日常指导、监督和管理工作，做到有反馈和记录。关注和分析教师在研究中遇到的困难，给予指导，解决实施过程中的问题。

（5）对科研经费进行规范和制度化管理。

2. 成果推广和组织评价

（1）指导教师进行经验总结，并对教师科研论文或案例写作进行指导，提高教师提炼教育科研成果和撰写论文及案例的能力。

（2）组织完成学校学年度教育科研成果（含论文）的评比活动，组织学校优秀教育科研成果参加市、区等级别的比赛，推荐学校优秀教育科研成果发表和参加交流等。

（3）推荐和指导学校市、区级科研课题进行先进科研申报，以及区、市先进教育科研、先进单位和先进个人的申报。

（4）对科研成果进行推广。

（五）科研档案管理

1. 记录科研课题的研究过程

对教育科研活动中形成的文字、声音、图像资料进行记录，记载学校科研活动的过程和结果，记录教育科研在促进学校建设与发展中的作用。

2. 对科研课题的过程性资料和研究成果进行存档

建立一套分类、分级高效存储课题资料的档案体系，让课题资料成为提高学校教育科研效益的重要资源。

130. 怎样才能做一个合格的学校科研负责人?

在教育科研服务学校改革和发展愿景的过程中，学校教育科研负责人的行为与角色是一个关键的中介变量。一个合格的学校教育科研负责人能极大引导和提高学校教师的科研意识，并推动学校教育科研工作的开展，提高学校的科研水平，助力学校改革和发展，促进教师专业化成长。

一、合格的学校科研负责人应关注先进教育教学思想和理论水平的提升

学校科研负责人是一个学校教育科研工作的牵头人，引领学校教育科研工作的方向。科研负责人应加强自身学习，关注国家、省、市的教育教学政策导向，努力学习先进的教育教学思想，提升自己的理论水平。

科研负责人应广泛学习，加强阅读，积极参加线上线下的各类学习，并形成自己对教育教学思想的理解和认知。加强理论学习，提升理论水平。理论指导实践，了解和掌握教育教学的科学规律，从而进行科学的教育教学实践研究，进而对学校教育科研进行科学有效的指导。

加强教育教学实践和案例学习。教育科研有理论研究，也有实践和案例研究，一线教师的科研更多来自教育教学实践。因此科研负责人应关注实践和案例，对实践和案例进行研究和分析，敏锐地发现一线教育教学中的科研课题，并对教师进行科研指导。

二、合格的学校科研负责人应关注科研实践经验的提升

学校科研负责人主持学校各级别科研工作开展，并对各级别教育科研的所有环节进行指导和管理。这就需要科研负责人自身有丰富的教育科研经验，并经历各级别课题申报和实施的全过程，才能对学校科研工作进行具体和有针对性的指导。

学校科研负责人不仅需要在担任此职务前丰富自己的科研实践经验，还应在担任后参与学校重点科研课题的研究，并以教师身份负责或组织某级别的教育科研课题，和教师一起完成学校的教育科研工作。这样有利于深入了解和参与学校的科研工作，并打好群众基础，有利于后续教育科研的监督和管理。

三、合格的学校科研负责人应关注管理素养的提升

学校教育科研负责人与上级教育科研部门、学校领导、学校其他干部的沟通协调非常重要，与学校教师团队的沟通也很重要。教育科研负责人不仅要善于开展独立研究，指导教师实施科研，还要善于沟通、协调和监督、管理，且善于策划培训活动和经验交流活动。这就是教育科研负责人的管理素养。

教育科研负责人除加强业务学习和业务培训外，对于如何提升管理素养，也应重视和加强学习。李希贵校长说，“能用结构解决的问题，就不用制度；能用制度解决的问题，就不用开会”。管理需要科学的结构和制度，方可为教育科研的管理提供保证和降低沟通成本。教育科研负责人管理素养的提升可从学习如何构建和完善科学合理的科研组织结构和科研管理制度开始。

制度的实施和管理的落地并不简单，任何管理都没有唯一机械刻板的标准。管理的最终目的是服务，服务于教师成长和学校发展，若管理和沟通在此认知的基础上进行，则管理和沟通都可以畅通有效。这需要科研负责人在对管理的认知上改变传统观念，并在管理的实践中加强学习，探索最适合和最科学有效的方式方法。

四、合格的学校科研负责人应整体把握学校科研工作的发展节奏

学校科研工作的推进和发展不是一朝一夕之事，也并非一蹴而就，需循序渐进，有计划、有节奏地开展科研工作。

学校科研负责人应清楚认识到学校的办学特点、发展方向，认识到学校科研工作的基础、优势和不足，在了解和掌握国家教育方针以及与教育科研有关政策的基础上，科学制订学校科研工作的发展计划和目标。

科研如何服务于一线教育教学、推动学校的课程改革，课题数量按什么计划增加到适合的程度，科研水平如何提高，科研的层级层次如何丰富？一年计划、三年计划、五年计划和长期计划中如何体现节奏，计划制订后如何实施落地，需要学校科研负责人做到科学研判和整体把握。

五、合格的学校科研负责人应引导科研服务于学校、教师发展和学生成长

教育科研绝非为科研而科研，也绝非为教师增加过重的负担，而是通过教育科研引领先进的教育教学理念、开展服务于一线教育教学的研究，同时为教师的成长和专业发展提供机会和平台。

因此如何让一线教育教学工作和教育科研有机结合是学校科研负责人非常重要的工作。实际教育教学工作中，教师们开展了很多教育教学活动，却并未将其和教育科研进行关联，也并未提炼成果。这就需要学校教育科研负责人帮助教师们发现在教师身边的科研课题，明确科学的方向，指导教师进行课题申报和实施，并努力推广课题成果。与教育教学紧密结合的科研既引领了教育改革，服务于教育教学，同时又提升了教师的科研水平，当然也促进了学校的课程改革和教师发展。

教育的最终目的是育人，通过教育科研，最大化实现学校的育人目标，服务于师学成长和发展。

131. 如何布局全校科研课题体系？

学校课程体系是教育教学的关键与核心，是实现育人目标的重要载体和途径，学校的科研课题体系应服务于学校课程体系的建构。

学校的科研体系应有一定的指导思想，并有科学有效的管理体制做支撑，在此基础上构建立体的学校科研体系。不同的学校，课程体系不同，科研体系也不相同，构建科学立体的学校科研体系的方法和原则如下：

一、构建科学的科研课题体系

（一）对科研课题体系进行顶层设计

根据学校发展规划和学校办学特点构建科研体系。充分调研目前学校发展的现状、问题，明确学校发展方向，根据学校发展和教育教学中需要解决的实际问题以及目前学校教育科研中所缺失的内容或类型，对科研课题体系进行顶层设计。

（二）对科研课题体系进行评估

学校的科研体系应得到一线教师的认可和认同，达成对科研体系的优化和认同。因此，科研体系应组织教师进行讨论，广泛听取教师团队的意见和建议，构建适合学校和教师发展、适合学生成长、科学合理、操作性强的科研课题体系。

二、构建完整的科研课题体系

（一）学校科研体系包含教师培训体系

提高教师的科研认识、提升教师的科研能力是学校科研工作顺利推进的重要前提。目前，很多学校都存在教师不重视科研工作的问题，也有教师认为科研“高大上”，对科研工作存在畏惧心理，选题没有方向，对科研申报、立项、研究、经费管理、结题等工作程序不清楚。解决以上情况的主要途径就是加强教师培训，因此需要构建完善的教师培训体系，并将其纳入学校的科研体系。

（二）学校科研体系包含学校核心（重点）课题、学科组课题和教师个人微课题

根据课题的主体对象不同，学校课题有学校层面的核心（重点）课题，还有以学科组为单位的学科组课题，以及教师个人独立完成的微课题。同时也可以构建子母连环式课题，把大课题分解为若干小课题，便于分步操作实施，在各个突破、逐步完成小课题的基础上，使总课题得以完成。

（三）学校科研体系包含教学类科研课题和德育类科研课题等

学校科研体系的构建不可忽略德育课题，学校的课程体系包括德育课程体系和教学课程体系，教育教学是育人的两大重要部分，都须进行研究和优化改

革。因此，学校的科研体系从内容来说，既有针对教学的课题研究，也有针对德育的课题研究。

（四）多学段学校的科研体系包含不同学段科研课题和衔接联动式科研课题

若学校有不同学段，就会有针对不同学段教育教学的科研，这一类科研在学段内组织和进行。此外，某些课题的同一内容需要在不同年级或不同学段中都进行研究，例如中小学衔接课程研究，需要小学、初中、高中三个学段的老师在同一时段对衔接课程的制订、实施等方面进行研究。这样利于在较短时间内有效地探索出策略，从而避免跟踪研究周期长的问题，这类课题属于衔接联动式科研课题。

（五）学校科研体系应构建多级别的科研课题

学校科研课题应包含校级、区级、市级、省级等不同级别的课题。学校最基本的级别是校级课题，以组织各学科组和教师开展校级课题研究为基础，在区、市等更高级别的课题申报机会到来时，学校才能遴选优秀的校级课题参与区、市等级别课题的申报。

三、代表案例

下面列举陕西省西咸新区秦汉中学和中国教育科学研究院大连金石滩实验学校的科研课题体系。

陕西省西咸新区秦汉中学为了更好地实践“思行”教科研体系，学校构建了“一核五翼”实践路径。“一核”是指学校教科研的核心指导理念和整体目标指向——“思行并重·服务教育·引领未来”，强调教科研的服务和引领功能。“五翼”是从学校不同的主体对象出发，从教师教研（教师自身开展课题研究、论文撰写、校本课程开发等研修活动，提升专业素养）、学科教研（以13个学科教研室为单位开展教科研活动、促进学科探究和学科教学质量的提升）、学部教研（以学部为核心开展德育教科研工作，立足学生的元认知，针对不同年龄段学生的特点，研究不同学部的德育规律和方法）、名师教研（以12个名师工作室为依托，以10多位学科教研员为核心带动学校教育教学质量的整体提升，并扩大学校的对外影响力）、学术沙龙（开展综合式教科研交流活动，在交流中实现教育教学的创新）等五个方面来展开教科研工作，助推学校的特色发展。

中国教育科学研究院大连金石滩实验学校构建了主题式、立体化教科研体系，既有总领课题，又有灵魂课题和支撑课题，为学校的可持续性高位发展注入了不竭的发展动力。在学校主题式、立体化教科研体系引领下，构建了“一元价值，三元特色，五整合”课程，引领师生幸福成长。

132. 如何让科研真正服务学校和教师发展?

以研促教，科研兴校。许多学校都确定了“科研兴校”的观念，并在实践层面进行了一些探索。教育科研确实应以“服务教师成长、服务学校发展”为宗旨。

郑州16中副校长郭国锋说，当一所学校没有其他办法突破发展时，选择教育科研就是最好的出路。在新课程标准的背景下，学校的发展和教师的专业成长都须借助教育科研，教师队伍管理也须通过科研走向人文化和科学化的道路，并创建研究型学校，培养研究型教师。

如何才能引导教师正确认识教育科研，如何才能让教育科研不增加教师负担，真正服务于教育教学、服务于教师发展和学校发展?

一、正确把握科研方向

教育科研应从优化提升教育教学、紧跟课程改革和新课标研究的方向拓展思路，坚持问题导向，以基础教育改革中的问题和学校教育教学中的实际问题为研究方向，启发思维，开展问题研究；突出教育科研的实践性，重视过程和实效，求真、求小、求实，从教师的实际需求出发确立课题，引导教师真正参与研究。培养教师用课程的理念做教育，用科研的理念做课程的观念。引导和指导教师在日常教育教学中寻找课题研究的方向，在平常教育教学中开展课题研究，将教育科研和教育教学实践进行有机融合，通过课题研究解决教育教学实际问题，让教育科研有实际意义。

二、创建研究型学校

努力解决“为什么这样做”的问题，引导教师积极主动加入到教育科研中。除请专家进行指导外，还需让教师通过实践感受教育科研释放出来的魅力。教育科研为教师的成长提供了机会和平台，在每一次研究中，教师既可以提升专业素养，加强和巩固自己的专业知识，又能够丰富教育理论，研究思维会更加宽阔和敏捷。此外，还需营造一定的氛围，通过教育科研把教师聚集在一起，并精心组织教育科研交流活动，让教师进行教育思想和情感上的交流，激发教师教育科研的热情，从而促进学校的发展，科学培育人才。

三、重视科研成果的学习和推广

教育科研的使命就是研究和解决教育教学中的理论与实践问题，探索经验与规律，用研究的成果来指导学校的教育教学工作。唯有运用和推广研究成果，才能让研究的意义和价值实现最大化，以点带面，促使全校学习优秀成果、使用优秀成果，提高学校教育教学质量，推动学校的改革和发展。

第二节　科研工作的评价考核

133. 如何构建教育科研的评价标准?

构建科学的教育科研评价标准能推动教育科研高质量发展。教育科研评价主要围绕组织建设、工作情况、工作成效三个方面来开展，注重教育科研管理的规范化、工作落实过程的具体化、工作成效的显著性。首先，组织建设主要指向科研人员、科研制度、科研档案三个方面。其次，工作情况主要指向科研规划、课题研究、教师参与、研究成果等方面。再次，工作成效主要指向单位科研氛围、教师成长、课题研究成果方面。这三者是紧密联系、环环相扣的，组织建设是基础，只有具备完善的组织建设，才能助推科研工作真实、有效地开展，扎实地开展各项科研工作才能带来一定的工作成效。正如盖房子一般，组织建设是基石，工作情况是在基石之上层层往上叠加砖头，基石和砖头紧密结合才能盖好一座牢固的房子，工作成效才能显现出来。值得注意的是，虽然组织建设是基石，但仅有健全的组织建设是不够的，教育科研必须要在实践中落地，落地的效果同样重要，因此在教育科研评价标准中组织建设、工作情况及工作成效三者的占比是不一样的。在成都市教育科研先进单位评选标准中，这三者的占比分别为20%、40%、40%。本文在参照成都市教育科研先进单位评选标准的基础上进行补充调整，制订相应的评选细则及考察方式，具体如下表8–2所示：

表8–2　成都市教育科研先进单位评选标准参考表

内容	评选标准	考察方式	细则
组织建设（20分）	校长科研意识强，设有专门的科研机构，有不少于3人的专、兼职人员。人员素养较高，且相对稳定。（8分）	查资料 平时了解	有科研机构4分，两年内科研室主任未换1分，科研室人员无变化2分。科研室人员（专兼职）不少于3人1分。如是主任升职、调动而变化不扣分。该校无人加入科研QQ群扣0.5分
	建立和健全科研工作的各项规章制度，各项制度落实。（7分）	查资料 访谈	有健全制度（会议制度、检查制度、激励制度等）4分，从中抽查任一制度的落实有印证材料3分
	档案管理规范，资料齐全，能反映学校科研工作整体进展情况。（5分）	查资料	有科研工作专项档案3分，资料能反映研究过程方法与轨迹2分
工作情况（40分）	根据本校实际，制订了学校教育科研发展规划（计划）且有特色，切实可行。（6分）	查资料	有两年来的学期科研计划或课题研究阶段计划4分（至少按学年制定，不少于2分），计划中的措施能找到落实印证材料2分
	根据学校面临的重、难点问题，组织了有利于学校发展的“龙头”课题，课题进展良好。（8分）	查资料 平时了解	有区级以上规划课题4分，该课题融入全校教学教研工作2分，课题进展良好（按计划推进、有研究活动）2分
	发动、组织教师开展教改研究，半数以上教师有自己的研究专题。（8分）	查资料 座谈会	能证明学校组织教师参与研究活动4 分，教师参与科研面达50%以上4分（可随机问，可查资料）

续 表

内容	评选标准	考察方式	细则
工作情况（40分）	在教育理论、教改信息、研究方法等方面为教师提供帮助，教师满意度高。（6分）	查资料 座谈会	有学习资料、开设了专题讲座、科研技能培训等4分，教师满意度达80%以上2分
	结合研究内容，多数教研组每期有相应的专题教研活动，活动针对性强，研究较深入，有实效。（6分）	查资料 访谈 平时了解	按学期查：每学期有专题教研活动0.5分，并有该项活动过程资料1分
	每年有1～2次全校性研究活动，活动主题鲜明，参与面广，实效性强。（6分）	查资料 平时了解	每年至少1次校级以上研究活动1分，有主题1分，有实效1分。每年3分
工作成效（40分）	学校形成了良好的研究氛围和机制，教育科研成为学校工作中的重要组成部分。（6分）	平时了解	教育科研与教学、师培结合3分，学校老师乐于参与教育科研3分
	促进了办学特色形成，在区域内产生了一定影响。（6分）	查资料 平时了解	学校办学特色与教育科研有关联3分，办学特色在区域内有影响3分
	教师的研究意识明显增强，教育观念和行为发生了积极变化，产生了在区域内有影响的研究型教师。（8分）	查资料 平时了解	老师研究意识、观念有积极变化4分（提供案例），主题研修班有该校学员2分，完成主题研修作业情况2分（查学员手册）
	教育教学效益在原有基础上有较大提升，上一年度及本年度内单位获得市级、省级、国家级规划课题立项，受到上级表彰或在县级及以上会议做经验介绍。（10分）	查资料 平时了解	课题获得国家级立项10分，省级立项7分，市级立项5分，受到过区级以上表彰3分，在区级以上进行过经验交流2分。（若立项课题较多，最高10分，分数不累计）
	研究成果丰富，成果形式多样，成果水平高，在上一年度及本年度内有成果获得市、省、国家级教育科研成果奖，相关课题研究成果论文发表在国内核心期刊。（10分）	查资料	课题获得国家级成果奖一等奖10分、二等奖9分、三等奖8分，省级成果奖一等奖7分、二等奖6分、三等奖5分，市级成果奖一等奖5分、二等奖4分、三等奖3分，发表在国内核心期刊10分。（若成果较多，最高10分，分数不累计）

134. 如何激励教师积极参与课题研究？

对于没有科研文化和健全管理激励机制的学校来说，教师对参加教育科研工作是缺乏内驱力的，唯一的动力就是晋级职称的需要，难以从教学提质增效、个人成长进步及职业生涯发展的高度认识教育科研工作，导致对教育科研工作的作用和意义认识不到位。

激励教师积极参与课题研究，可从以下方面进行思考和探索：

一、创设科研文化和营造科研氛围，激发教师内驱力

学校管理层面重视学校教育科研工作，学校管理团队通过自身的示范和表率，引领教师进行教育科研，扩大教育科研在学校和区域的影响。

精心组织教育科研培训和交流，营造浓厚的教育科研氛围，激发教师参与教育科研的内驱力。将科学先进的理念运用到科研管理中，并对教师进行耐心、细致、专业的指导，帮助老师在教育科研中认识到科研并非脱离教学实际，科研对教育教学改革和教育教学质量有提升作用，并感受到教育科研与教育教学的有机融合，感受到自身专业进步和成功的喜悦，积极主动地投入到科研工作当中去。只有强烈的内驱力才能产生投身教育科研的热情。

二、建立科学规范的管理制度和评价制度

科研管理制度主要包括申报立项制度、监督检查制度、评价推广制度、档案管理制度四个方面，利用科研管理制度规范教育科研管理，提高管理的有效性。通过培训让全校教师明确知晓以上管理制度，让老师感知学校对教育科研的重视以及学校教育科研管理的规范性和公平性。

评价制度至关重要。学校应根据办学理念、办学特点和学校实际，制订科学的评估方案。通过建构差异性的学校评价体系，对教师参与教育科研进行科学客观的评价，避免教师为迎合评价而盲目进行科研工作。学校应科学制订教师科研水平评价指标和教育教学工作质量评价指标，合理设置教育教学业绩和科研业绩在教师考评中的比重，提高教师评价制度的科学性和适用性。此外，学校科研部门应转变传统的考核观念，降低对课题数量的过分关注，将考核的

重点放到科研成果的水平层次和质量上，并重视具有高度推广价值的科研成果。

三、创建科学有效的激励机制

激励机制包括学校层面的科研激励机制和各级别评优选先激励机制。

学校科研激励机制应有科研过程性评优和结题后评优两类，并将评优纳入教师评价体系或教师荣誉积分。第一类通过中期考核、研究汇报等方式，要求教师报告课题研究的进展情况，既可以监督管理课题的实施，又可以据此推选过程性科研先进人员。第二类主要是针对课题研究结题后的鉴定评价工作，根据课题成果，既评选优秀课题，同时又对教师个人进行表彰，以便更好地激励教师开展教育科研活动。此外，还可通过举办成果报告会、学术交流会或帮助课题组发表出版课题成果等方式，既对课题进行推广，又实现了对教师的激励。

学校制订各级别评优选先制度时，可考虑将教育科研纳入评优选先的基础条件，如推选校级优秀，需满足负责或作为主研人参与校级课题申报和立项；推选区级优秀，需满足负责或作为主研人参与区级课题申报和立项，以此类推。

四、建立科研教师发展制度

可参考某些学校，以学校重点课题为载体，对教师进行分级培养。如组织学校重点课题科研队伍，人员主要面向学校教育科研中的骨干教师。学校科研骨干教师则由学校各级课题研究过程中表现突出的先进个人组成，可对学校科研骨干教师授以荣誉。同时还可根据科研骨干教师完成课题的类别、级别、完成度和评奖情况，对学校科研骨干教师进行分级和分类，实现科研骨干教师的分级培养。

参 考 文 献

［1］黄建初. 走向实证——给教师的教科研建议［M］. 上海：华东师范大学出版社，2022.

［2］费岭峰. 怎么做课题研究：给教师的40个教育科研建议［M］. 上海：华东师范大学出版社，2021.

［3］刘良华. 教育研究方法［M］. 2版. 上海：华东师范大学出版社，2014.

［4］陈向明. 教师如何作质的研究［M］. 北京：教育科学出版社，2001.

［5］陈岩. 中小学课题研究［M］. 北京：北京师范大学出版社，2013.

［6］荆希堃. 中小学教育科研100问［M］. 贵州：贵州教育出版社，2014.

［7］王志明. 学前儿童科学教育［M］. 南京：南京师范大学出版社，2000.

［8］张小永，孙明红. 山东省幼儿园教育活动教材［M］. 济南：明天出版社，2004.

［9］王建强. 邂逅融创［M］. 成都：四川辞书出版社，2021.

［10］刘电芝. 教育与心理研究方法［M］. 重庆：西南大学出版社，1999.

［11］叶澜. 教育研究方法论初探［M］. 上海：上海教育出版社，1997.

［12］William Wellsman. 教育研究方法导论［M］. 6版. 袁振国，译. 北京：教育科学出版社，1997.

［13］李方. 现代教育研究方法［M］. 广东：广东高等教育出版社，2004.

［14］杨小微. 教育研究的原理与方法［M］. 上海：华东师范大学出版社，2002.

［15］李秉德. 教育科学研究方法［M］. 北京：人民教育出版社，2001.

［16］裴娣娜. 教育科学研究方法［M］. 辽宁：辽宁大学出版社，1999.

［17］陈向明. 质的研究方法与社会科学研究［M］. 北京：教育科学出版社，

2002.

［18］施铁如.学校教育研究导引［M］.广州：广东高等教育出版社，2004.

［19］C. M. Charles.教育研究导论［M］.张莉莉，张学文，译.北京：中国轻工业出版社，2003.

［20］张培林，丁新瑞，高金声.科学研究的方法［M］.北京：科学出版社，2002.

［21］叶继元.学术规范通论［M］.上海：华东师范大学出版社，2005.

［22］丁念金.研究方法的新进展［M］.北京：教育科学出版社，2004.

［23］张建.研究报告撰写指导［M］.北京：教育科学出版社，2003.

［24］陈瑶.课堂观察指导［M］.北京：教育科学出版社，2002.

［25］李伟胜.实验研究指导［M］.北京：教育科学出版社，2002.

［26］郑金洲.行动研究指导［M］.北京：教育科学出版社，2004.

［27］张景焕，陈月茹，郭玉峰.教育科学方法论［M］.济南：山东人民出版社，2000.

［28］张民生，金宝成.现代教师：走近教育科研［M］.北京：教育科学出版社，2002.

［29］孙小礼.科学方法中的十大关系［M］.上海：学林出版社，2004.

［30］李方.现代教育科学研究方法［M］.广东：广州高等教育出版社，1997.

［31］薛根生.小学教师科研论文导写［M］.湖南：湖南师范大学出版社，2000.

［32］Merediht D. Gower，Walt. R. Boge，Joyce P. Golle.教育研究方法导论［M］.6版.许庆豫，等，译.江苏：教育出版社，2002.

［33］EarlBabble.社会研究方法［M］.10版.邱泽奇，译.北京：华夏出版社，2005.

［34］袁振国.教育研究方法［M］.北京：高等教育出版社，2000.

［35］喻立森.教育科学研究通论［M］.福州：福建教育出版社，2001.

［36］董奇，申继亮.心理与教育研究法［M］.杭州：浙江教育出版社，2005.

［37］郑金洲，陶保平，孔企平.学校教育研究方法［M］.北京：教育科学出版社，2003.

［38］刘良华.校本行动研究［M］.成都：四川教育出版社，2002.

[39] 陈向明. 教师如何做质的研究 [M]. 北京：教育科学出版社，2001.
[40] 郑金洲. 教育研究专题 [M]. 上海：华东师范大学出版社，2002.
[41] 华国栋. 教育科研方法 [M]. 南京：南京大学出版社，2000.
[42] 刘振山. 教研手册 [M]. 北京：华夏出版社，2003.
[43] 兰觉明. 化学教育研究方法 [M]. 成都：四川大学出版社，2000.
[44] 吉昌福，龚如义. 教育写作教程 [M]. 乌鲁木齐：伊犁人民出版社，2000.
[45] 池小芳. 中国古代小学教育研究 [M]. 上海：上海教育出版社，1998.
[46] 林焕章，林惠生. 教育科研操作指南 [M]. 北京：国际文化出版公司，2000.
[47] 郑慧琦，胡兴宏. 学校教育科研指导 [M]. 上海：上海教育出版社，2001.
[48] 王铁军. 中小学教育科学研究 [M]. 武汉：武汉大学出版社，1997.
[49] 顾春. 中小学教育科学研究 [M]. 北京：知识出版社，1998.
[50] 陈静逊. 小学教育科学研究方法 [M]. 上海：华东师范大学出版社，2004.
[51] 钱大同. 小学教育科研概论 [M]. 杭州：浙江人民出版社，1994.
[52] 王宗仁. 小学教育研究方法 [M]. 南宁：广西民族出版社，1993.
[53] 蒋成王禹. 教学研究论文写作指导 [M]. 杭州：浙江教育出版社，2001.
[54] 张燕，邢利娅. 学前教育科学研究方法 [M]. 北京：北京师范大学出版社，1999.
[55] 雷实. 教育实验方法论 [M]. 上海：华中师范大学出版社，2002.
[56] 陈桂生. 到中小学去研究教育 [M]. 上海：华东师范大学出版社，2000.
[57] 佟庆伟，胡迎宾，孙倩. 教育科研中的量化方法 [M]. 北京：中国科学技术出版社，1997.
[58] 王景英. 小学教育统计与测量 [M]. 北京：人民教育出版社，2002.
[59] 谢广田，刘瑛. 小学教育改革与发展 [M]. 杭州：浙江教育出版社，2002.
[60] 范小韵. 中小学教育科研方法指导 [M]. 北京：北京教育出版社，1990.
[61] 蓟运河. 教育科研技能训练指导 [M]. 北京：中国林业出版社，2001.

［62］韩延平. 教育研究方法［M］. 北京：高等教育出版社，2011.

［63］贺湖. 校本科研导引——中小学教师专业成长的路径［M］. 长沙：湖南教育出版社，2011.

［64］侯怀银. 教育研究方法［M］. 北京：高等教育出版社，2009.

［65］丹尼尔·卡曼尼. 思考，快与慢［M］. 北京：中信出版社，2012.

［66］武宏志. 论批判性思维［J］. 广州大学学报（社会科学版），2004（11）：10–18.

［67］武宏志. 何谓“批判性思维”？［J］. 青海师专学报（教育科学版），2004（4）：1–4.

［68］金宝成. 关于教育科研成果转化问题的若干思考［J］. 教育改革，1994（4）：23–25.

［69］王惠. 地方教科所优秀教育科研成果推广策略的研究——以吉林省长春市教科所为例［J］. 现代教育科学：普教研究，2015（6）：73–76.

［70］刘贵华，孟照海. 教育科研课题成果质量的九个问题［J］. 教育研究，2015（9）.

［71］曾强. 教育实验研究在教育研究中的局限性与可行性分析［J］. 吉林省教育学院学报，2009（1）：9–10.

［72］程江平. 教育实验研究范式的演变［J］. 教育研究，2000（5）：63–68.

［73］王强. 以研促教，科研兴校［J］. 陕西教育（综合版），2022（5）.

［74］董鹏. 主题式立体化教科研体系成就学校可持续性高位发展［J］. 基础教育参考，2017（22）：18–20.

［75］马雄飞. 以体系建设促进高职院校科研创新活力［J］. 社会主义论坛，2020（12）：50–51，53.

［76］余倩. 基于知识管理视角的中学教育科研体系的构建［J］. 基础教育研究版，2009（2X）：24–25.

［77］丁家富. 教育科研如何促进学校发展［J］. 中国教育学刊，2008（11）：73.

［78］段海峰. 在教学与科研的博弈中促进学校发展［J］. 教学与管理：理论版，2015（12）：45–47.

［79］方桂华. 教育科研——促进学校发展力提升的原动力［J］. 中学课程辅导：教师教育，2015（12S）：29.

［80］杨玉东. 课例研究的国际动向与启示［J］. 全球教育展望，2007（3）：47–49.

［81］杨玉东. 课例研究的关键是聚焦课堂［J］. 人民教育，2013（7）：44–47.

［82］王洁. 教师的课例研究旨趣与过程［J］. 教书育人：校长参考，2010（2）：39–40.

［83］安桂清. 课例研究：信念、行动与保障［J］. 全球教育展望，2007（3）：42–46.

［84］安桂清. 课例研究的意蕴和价值［J］. 全球教育展望，2008（7）：15–19.

［85］林同孟. 小学高年级立体图形学习存在的问题与原因分析——以济南市某小学为例［D］. 济南：山东师范大学硕士学位论文，2019.

［86］高晓旭. 小学生几何图形折叠与展开困难的原因分析与对策研究［D］. 济南：山东师范大学硕士学位论文，2018.

［87］林帅君. 基于行为观察法的儿童行为与城市社区公园关联性研究［D］. 杭州：浙江工业大学硕士学位论文，2020.

后记

近年来，随着教育科研的不断深入，广大一线教师越来越意识到，教育科研不再是专门从事教育研究的专业人员才能做的，教师们逐步从参与学校层面的教育科研，转向尝试独立进行教师小课题研究。教师基于实际的教育科研，发现教育实践中的“真问题”，并通过科学、严谨、系统的研究，有效解决自己在教育实践中的问题，形成自己的教育成果，提升专业能力，获得更好的发展。

然而，教师在做教育研究的过程中，往往会感到力不从心。通过学校、教科院等渠道学习的教育科研理论和知识在运用的过程中有些困难。一是因为学习的教育科研理论和知识不成体系、碎片化；二是没有可以借鉴的案例，不能有效地帮助教师将教育科研理论和知识转化为教育研究的行为。基于此，《中小学幼儿园教育科研实操100问》诞生了。

本书是成都市叶剑名师工作室全体成员的智慧结晶。在领衔人叶剑的指导下，2022年3月，工作室成员通过三次线下研讨，反复考量，最终确定了向广大一线教师进行科研需求的调查问卷。为了更好地了解教师科研工作需求，根据教师实际工作中可能遇到的教育科研的困惑、问题，叶剑工作室初级组教师制作了调查问卷，进行教师科研工作需求调查。本次调查问卷于2022年3月11日以问卷星形式发放，3月17日进行后台数据汇总。本次参与的教师共计895人，涉及学前、小学、中学、职业中学和特殊教育的教师。本次问卷旨在分层了解不同科研经验教师在教育科研上的难点和困惑，切实找到不同科研水平一线教师困惑的问题。2022年5月，在全体成员的不断讨论和优化中，筛选了134个源自一线教师教育科研需求的问题，为工作室撰写专著提供参考依据。

从2022年5月起，历时一年的时间，工作室的伙伴们利用休息时间不断打磨自己所负责的科研问题解答稿件，前后经历了6次修改。在这个过程中，在工作室导师叶剑的释疑解惑下，成员也更加清晰了教师进行教育科研的难点、痛点，不断修改调整文稿，力求为更多一线教师提供清晰的、有价值的解答，帮助一线教师更好地理解、应对教育科研工作。

叶剑名师工作室成员，有县（区）教研机构的教研员、学校的科研室主任、一线的骨干教师。他们来自成都市及四川省甘孜州、凉山州各区县的中小学、幼儿园和职业教育学校。不同的工作经历与岗位背景，不仅提供了丰富的问题，还为问题的解决提供丰富的破解经验。在翻阅大量教育科研书籍和文献的基础上，工作室成员结合自己的教育科研经验，梳理出可操作的、可借鉴的、能满足不同层级教师需求的实操方法。

工作室全体成员按初级组、中级组、高级组分成三个团队，分别撰稿。初级组人员有：杨玲、罗敏、李佳穗、次仁拉错、陈春、杨玉婷、林菊、白学军、赵光瑛。中级组人员有：曹艳、高文静、周燕、许洋、陈先容、蒋鑫玭、杜蓉、黄晓璐、周佩。高级组人员有：王傲红、覃琴、傅艳梅、寇红英、曾旭玲、王宏、刘颖、蒙玉娟、刘涛。高级组组长由成都市青羊区教育科学研究院教育科研研究所所长王傲红老师担任；中级组组长由成都市青羊区教育科学研究院科研教研员曹艳老师担任；初级组组长由成都市青羊区天府幼儿园万家湾分园负责人杨玲担任。三位组长带领组员紧紧围绕不同层级教师困惑的科研问题开展工作，还负责文稿的校阅、统稿。

最后，向积极参与本次书稿撰写的叶剑工作室全体成员说一声："小伙伴们，辛苦了！"对编写过程中，为问题解答提供指导建议的各位教育同仁表示衷心的感谢。对本书内容中被引用的、有借鉴的国内众多教育专家、学者表示诚挚的敬意与感谢。

2023年6月16日